Dmitrij Kapitelman

Eine Formalie in Kiew

Dmitrij Kapitelman kann besser sächseln als die Beamtin, bei der er den deutschen Pass beantragt. Und er ist dem Grundgesetz treuer als der Security-Nazi am Eingang der Behörde. Nach fünfundzwanzig Jahren als Landsmann, dem Großteil seines Lebens, wird es Zeit. Höchste Zeit sogar – was, wenn die Faschisten bald wirklich im Osten regieren? Aber der Bürokratie ist keine Formalie zu klein, wenn es um Einwanderer geht. Die Beamtin verlangt eine Apostille aus Kiew. Der Besuch seiner ihm mittlerweile fremden Heimatstadt wird zu einer wehmütigen wie sehnsuchtsvollen Reise in die Vergangenheit, führt ihn zurück in Kindheitserinnerungen an seine Eltern, und an eine Zeit, in der sie noch eine unzertrennliche Familie waren. Denn gegenwärtig ist die Familie zerstritten. Bis das Schicksal sie in Kiew wieder zusammenführt.
Behutsam und mit bittersüßem Humor erzählt Dmitrij Kapitelman die Geschichte einer Familie, die einst hoffnungsvoll nach Deutschland zog, in der Erwartung, ein neues Leben beginnen zu können – aber niemals richtig ankam.

Dmitrij Kapitelman, 1986 in Kiew geboren, kam im Alter von acht Jahren als »Kontingentflüchtling« mit seiner Familie nach Deutschland. Er studierte Politikwissenschaft und Soziologie an der Universität Leipzig und absolvierte die Deutsche Journalistenschule in München. Heute arbeitet er als freier Journalist. 2016 erschien sein erfolgreiches Debüt ›Das Lächeln meines unsichtbaren Vaters‹, für das er den Klaus-Michael Kühne-Preis erhielt. Für ›Eine Formalie in Kiew‹ wurde er 2021 mit dem Buchpreis Familienroman der Stiftung Ravensburger Verlag ausgezeichnet.

Dmitrij Kapitelman

Eine Formalie in Kiew

Roman

dtv

MIX
Papier aus verantwortungsvollen Quellen
FSC® C019821

2023 dtv Verlagsgesellschaft mbH & Co. KG, München
Lizenzausgabe mit Genehmigung von Hanser Berlin
in der Carl Hanser Verlag GmbH & Co. KG, München

Umschlaggestaltung: dtv nach einem Entwurf von
Anzinger und Rasp, München
Umschlagmotiv: Kat Menschik
Satz: C.H.Beck.Media.Solutions, Nördlingen
Satz nach einer Vorlage von Sandra Hacke, Dachau
Druck und Bindung: Druckerei C.H.Beck, Nördlingen
Printed in Germany · ISBN 978-3-423-14842-9

Eine Formalie in Kiew

Verfliegende Landsleute

Viel zu früh am Abfluggate in Leipzig und allein zwischen den leeren Sitzreihen, kommt mir ein Rat meiner Mutter in den Sinn. Ein ukrainischer Rat, eigentlich eher ein Verbot. Ich musste es seit Ewigkeiten nicht mehr bedenken, es war nicht nötig hierzulande.

In meinem ersten Leben aber, meinem ersten Land, schlenderten wir durch die Straßen Kiews, als mich Mama ruckartig anhielt. Ich war bedenkenlos auf einen Gullydeckel getreten. Damals-Mama beugte sich herunter, sah mir ernst in die Augen und sprach: »Zaja«, mein Häschen, »in diesem Land darfst du niemals auf Gullydeckel treten, hörst du? Du weißt nie, ob sie festgeschraubt sind, und dann fällst du rein und kommst nie wieder zu uns hoch! Versprich mir, dir das zu merken.«

Offenbar habe ich mein Versprechen gehalten. Das ist schon mal etwas, das uns unterscheidet.

»Achtung, eine Durchsage für Passagiere von Ukraine International Airlines. Flug D328 nach Kiew verzögert sich um voraussichtlich zwei Stunden. Wir bitten dies zu entschuldigen und danken für Ihr Verständnis.«

Meine deutschen Landsleute fuchteln verständnislos mit den Armen. Meine ukrainischen Landsleute zucken nur ungerührt mit den Schultern, wenig überrascht von der zweistündigen Verspätung unseres planmäßig zweistündigen Flugs. Ich hatte mich schon gewundert, warum die alle so spät zum Boarding eintrudeln. Dabei taten sie nur, was Ukrainer täglich tun – nicht an die Ukraine glauben. Als einer, der die postsowjetische Staatssäure mit der Muttermilch aufsog, hätte ich das eigentlich wissen müssen.

Mama, warum können Kanalisationsdeckel in Kiew fatale Fallen sein? Weil es die Ukraine ist. Warum kommt die Feuerwehr nicht, um einen wieder rauszuholen? Weil es die Ukraine ist. Wieso ist die Luft radioaktiv, die Chirurgin betrunken, der Notar ebenso, der Briefträger Analphabet, der Straßenhund auf nur einem Ei kastriert und jede Präsidentin am Ende der Amtszeit steinreich? Weil es die Ukraine ist, Stupid.

Und genau dorthin muss ich nun zurück, um jemanden zu bestechen. Keinen Schimmer, wen. Ich weiß nur, dass irgendjemand geschmiert gehört. Nur so kann ich deutscher Staatsbürger werden. Legal geht es nicht, auch nicht nach einem Vierteljahrhundert als hiesiger Landsmann.

Aber alles der rechtmäßigen Reihe nach.

Vor einer Weile beschloss ich also, endlich die deutsche Staatsbürgerschaft zu beantragen. Auf einer von sibirischen Katzen vollgepissten Treppe hockend. In die Märzsonne blinzelnd, existenzielles Mittelfeld, etwas verlassen vielleicht. An jenem Tag auf der Treppe eröffnete ich mir selbst, dass es nun so weit sei. Zeit, den offiziellen deutschen Stempel zu holen, den mir die Jahre längst aufgedrückt hatten. Wie kompliziert konnte das schon sein, bei meinem Werdegang? 1994 im Alter von acht Jahren immigriert, deutsch eingeschult, sozialisiert, studiert. Berufstätig, steuerpünktlich, verfassungspatriotisch. Nicht zu vergessen hellhäutig, das bürgert hierzulande besonders verlässlich ein. Stets meine Einkäufe in weniger als sieben Sekunden verstauend, so wie es in diesen Gefilden Brauch ist seit jeher. Manchmal vermute ich, dass sogar Frau Kunze, meine Sachbearbeiterin bei der Ausländerbehörde, mich insgeheim für einen Deutschen hält. Dass sich in Gestalt von uns beiden einfach zu viele kulturelle und kommunikative Übereinstimmungen gegenübersitzen, als dass sie behaupten könnte, ich sei nicht imstande, so deutsch zu sein wie sie. Wenn alles gesagt und geschmiert ist, werde ich Frau Kunze mal fragen, ob meine Vermutung stimmt.

Früher tönte ich, mein Gesicht niemals unter einem Bundesadler sehen zu wollen. Und behauptete, es sei wegen der Shoa und der blutrünstigen Neonazis, die uns durch Leipziger Plattenbausiedlungen gejagt haben. Wegen der Zigaretten, die sie lachend an uns ausdrückten, den Kampfhunden, die sie auf uns hetzten, den Pistolen, die sie uns beim Eisessen am Kulkwitzer See an den Kopf hielten. Und den deutschen Polizisten, die nie etwas gegen die deutschen Nazis taten. Aber das war glatt gelogen. Ich war einfach zu faul für den ganzen Papierkram bei der Ausländerbehörde. Dem Dummdödel von damals war schlicht nicht klar, wie krass ein deutscher Ausweis privilegiert, wie sehr er das Leben erleichtert.

In fast alle Länder der Welt reisen können, ohne Visaanträge! Während ich als Ukrainer nach einem Vierteljahrhundert immer noch der Residenzpflicht unterliege und theoretisch nicht mal in einem anderen *Bundesland* als Sachsen wohnhaft gemeldet sein darf. Im Alltag kommt zwar kein Beamter darauf, mich auf unbefugtes Bundesland-Hopping zu überprüfen. Ich habe ja einen gewinnenden Mantel an und blaue Augen. Aber die gesetzliche Grube im Hinterkopf ist dennoch tief. In dieser Grube gibt es weder Freiheit noch Gleichberechtigung. Nicht mal bei den banalen Belangen. Der kaltfüßige, hadernde Blick der Vermieterin mit Perlenkette, wenn ich meinen ukrainischen Ausweis bei der Mietvertragsunterzeichnung auspacke. Als hätte ich ihr durch Aussehen und Sprache bis dahin etwas vorgemacht.

Über eine rote Ampel gehen, von der Polizei erwischt und unter Inländerkriminalität vermerkt werden. Aus dem Urlaub heimkommen, ohne dass die Bundespolizisten einen beäugen wie die personifizierte Armutsmigration. Endlich eine Stimme gegen die Faschisten in die Urne schmettern: Wählen dürfen! Das sind die Dinge, die zählen! Ukrainisch-russisch-jüdisch-deutsch, solche Identitätsoberflächen haben mich früher gejuckt, als ich dreißig und noch jünger war. Jetzt bin ich viel älter (zweiunddreißig) und weiser. Ich will ein administrativ möglichst komfortables Dasein fristen, mit so wenig bürokratischem Ballast und Begrenzungen wie möglich. Stattdessen verspüre ich eine Art zeitgeschichtlichen Eispickel im Rücken. Wer weiß, wie weit die Faschisten in Deutschland noch von der Macht entfernt sind, liebe Landsleute. Ihre Partei erhält immer mehr Stimmen. Möglich, dass Deutschsein bald wieder offiziell über Blut, Farbe, Parteibuch und Religion definiert wird. Dann ist es zu spät für mich. Ich sage es ja nicht gern, aber mit einem deutschen Pass ließe sich Deutschland notfalls sogar mit mehr Optionen verlassen. Und damit es nicht so weit kommt, benötigt dieses verwundete Land neue Demokratiedeutsche wie mich. Wir sind Frischluft, da stimmen Sie mir doch sicherlich zu? Unter uns gesprochen: *Frischluft* ist eine fast so feine deutsche Vokabel wie *Fruchtfleisch*.

Ich vereinbarte also einen Termin bei der Ausländerbehörde Leipzig und saß bald Frau Kunze im Raum B.106 des Technischen Rathauses gegenüber. »Immor harrainspoziert«, rief sie im sächsischen Singsang, grüßend und maßregelnd zugleich.

Akte auf: Kunze.

Nationalität: Sächsisch.

Geboren: Vor etwa fünfzig Jahren.

Körpergröße: In wohlständigem Maße vorhanden.

Grundhaltung: In Routine zu glaubhafter Freundlichkeit gereift.

Äußere Auffälligkeiten: Großes Grübchen, eigentlich eher ein senkrechter Grübchenstreifen, in der Mitte des Kinns. Bernsteinkettchen.

Ich hätte spielend leicht mit einem *Nu, abor frailisch* spiegelsächseln können. Einfach um zu sehen, wie die *Güdste* reagiert. Aber wozu? Unser erstes Aufeinandertreffen dauerte ohnehin nicht lange. Frau Kunze händigte mir ein Antragsformular und Merkblätter zu den geforderten Unterlagen aus. Ganz behände. Bis ich alles beisammenhatte, was verlangt wurde, dauerte es dann allerdings eineinhalb Jahre.

Auf die zwei Stunden Warterei am Flughafen kommt es jetzt also auch nicht mehr an, denke ich und zucke mit einer gelassenen restukrainischen Schulter, als Otez, mein Vater, mich anruft. Das tat er früher jeden Tag, zuletzt jedoch kaum noch. Weil ich meistens nicht rangehe. An jenem sonnigseltsamen Tag auf der Treppe traf ich auch die Entscheidung, nicht mehr mit meinen Eltern zu reden. Vielleicht traf sie auch eher mich – unvermittelt und doch überfällig.

Moment mal: eineinhalb Jahre, um alle Unterlagen zu besorgen? Ist es wirklich dermaßen kompliziert? Sie wundern sich vielleicht, liebe Landsleute. Was muss man überhaupt beweisen, um Deutscher zu werden? Und was hat das bitte mit Korruption in Kiew zu tun?

Nun, hauptsächlich geht es bei einem Einbürgerungsantrag darum, zu belegen, dass man Geld hat. Armut ist das absolute Ausschlusskriterium, der Staat holt sich keine strukturelle Schwäche in den Volkskörper. Arbeitsverträge, Steuerbescheide, Kontoauszüge, Mietauskünfte und diverse Versicherungspolicen, sehr viele Versicherungspolicen – das macht den Ausländer nachträglich deutsch.

Ein wenig kommt es auch auf den Charakter des Prätendenten an. Weshalb sonst wird verlangt, einen ausführlichen handschriftlichen Lebenslauf zu verfassen? Ob Frau Kunze so genau darin geschmökert hat, wage ich zu bezweifeln. Vermutlich geht es eher um die Schrift selbst. Selbstsicherer, raumgreifender Auftaktbuchstabe? Wie bewegen wir uns am Rand? Veritable Vorlage für einen psychologischen Abstrich. Wissen Sie, liebe Landsleute, wie schwer es jemandem aus der Tastengeneration fällt, via monomanueller Hand zu schreiben? Kurz vorm Gelenkinfarkt stand ich! Sicher liest sich das Ganze wie das Werk eines Geistesgestörten. Und zugegeben, ein wenig demütigend war es auch, nach fünfundzwanzig Jahren eine solche Selbstauskunft verfassen zu müssen. Gesellschaftlich auf null zurückgesetzt fühlt man sich. Ausstoßbar.

Otez leuchtet ein zweites Mal auf meinem Handydisplay auf. Na schön. Vielleicht, weil es sich so bitter anfühlt, allein und zerstritten in die Stadt unserer Vergangenheit aufzubrechen, gehe ich ran. Vater erfährt von meinem bevorstehenden Korruptionskreuzzug und ist aufgebracht.

»Mich schüttelt es vor Sorge, dass du so etwas gerade jetzt an der Backe hast. So ein Golownjak!«

Außer uns gesprochen: *Golownjak* ist Russisch und meint einen außerordentlich anstrengenden, menschengemachten Kopfschmerz.

Ja, ja, Vati-Shabbati. Immer schüttelt es dich vor Sorge. Nur in Bewegung, um das Problem in den Griff zu kriegen, setzt die Sorge dich nie. Alles ist so anders geworden. Damals-Mama in Kiew war die Liebe selbst. Heute-Mutter ist ein anderer Mensch, ich erkenne sie nicht wieder. Es ist leichter, auf sie wütend zu sein, weil sie nie Süßholz raspelt wie Vater. Sie ruft auch gar nicht erst an.

»Joschik (Iglein), pass auf und zeig nicht zu sehr, dass du aus dem Westen kommst und Geld hast, ja? Sonst folgt dir einer mit einem Ziegelstein und schlägt dir den Kopf ein. Und versprich mir, vorsichtig zu sein mit dem Russisch-Sprechen. Das mögen sie in der Ukraine gerade überhaupt nicht, wegen dem Krieg.«

Ukrainisch verstehe ich kaum, wir kamen damals aus dem russischsprachigen Teil. Es klingt wie eine Art slawisches Mandarin für mich. Klang es schon beim letzten Mal, als ich drüben war – vor siebzehn Jahren.

»Okay, nicht reden, arm sein, Kopf nicht mit einem Ziegelstein einschlagen lassen. Klingt vernünftig. Wir hören uns.«

»Warte.«

»Ja?«

»Deine Mutter ist sehr traurig. Gestern hat sie sogar geweint.«

Ich schweige einen Moment. Mehrere Momente.

»Du weißt, warum ich nicht mit euch rede.«

»Ja, ich weiß. Weil sich nichts ändert.«

»Ja.«

»Nuh, dös schaut doch gonz guht aus«, lobte Frau Kunze meine migrantische Money-Mappe, die gesammelten Werte.

Frau Kunze scheint eine recht unaufgeregte Sachbearbeiterin zu sein. Schwerfällige, hinter einer Brille hockende grüne Augen. Verweilt in einer Art Suggestionsstarre, die signalisieren soll: Ich mache die Gesetze nicht, ich bewerte die Gesetze nicht, ebenso wenig wie dich persönlich. Kooperierst du, kooperiere ich.

In Sachsen, wo immer wieder Einzelfälle von *nicht* rechtsextremen Polizisten und Justizvollzugsbeamten bekannt werden, ist Frau Kunze tendenziell eher eine neutrale Freundin als eine neutrale Feindin.

Die Loyalitätserklärung zum Grundgesetz war eine Frage von wenigen Minuten. Sind Sie loyal zum Grundgesetz? Ja. Gut. Unterschrift. »Mir brauch'n jetzt nür nöch eine arneuerde Gebürdsurgünde un eine Abösdille von Ihn'n.«

Erneuerte Geburtsurkunde? Wirklich? Nach fünfundzwanzig Jahren? Und was war das andere? Wussten Sie, liebe Landsleute, dass eine Apostille eine Beglaubigungsform im internationalen Schriftverkehr ist? Oder, um es mit den volksnahen Worten von Frau Kunze auszudrücken: »Doas ist die behördliche Beschdädiung einör behördlichen Beschdädigung von dar nächsthöheren'n Behörde.« Und dann sagte sie: »Die könn'n Sie nur in dar Ukraine krieg'n.«

Ich bin *wirklich* geboren worden und habe das auch mit Originaldokumenten samt amtlicher Übersetzung ins Deutsche bezeugt, alles hatte seine Richtigkeit. Das wusste auch Frau Kunze, es stand ihr förmlich ins Grübchen geschrieben. Und dennoch verlangte sie diesen völlig überflüssigen Staatsstunt.

»Öhne diese Dogümende konn ich leidör nischd für Sie tu'n.«

»Frau Kunze, ich weiß überhaupt nicht, wo und wie ich diese Apostase –«

»Abösdille.«

»Ich weiß überhaupt nicht, wo und wie ich diese Apostille in Kiew besorgen soll.«

»Joa, üm den Ümgang mid den ukrainsch'n Behörd'n beneide ich Sie ooch nisch. Dar gibt's immor besönders viele Üngereimdhaiden. Un jetzt noch der Köhmikar bei euch als Präsidend …«

Bei uns? *Hier* ist mein *bei uns*! Deswegen sitze ich doch in Ihrem mit guter deutscher Gesetzlichkeit geölten Büro! In der

Ukraine dagegen funktioniert kein Behördengang ohne Bestechung. Aber wie ist man in Kiew korrekt korrupt? Keine Ahnung. Als wir weggingen, spielte ich noch mit Ninja Turtles, und meine größte Gaunerei bestand darin, die Post aus unserem löchrigen Briefkasten zu fischen.

»Mach'n Se sich mal nisch varrückt, Sie ham ja alle Zeit der Welt, die Dogümende zu besorg'n. Vor Septembor werd'n mar eh keine Einbührchorrungsprögnöse ausstell'n.«

Als sie all das starr suggerierte, war es Anfang April. Jetzt neigt sich schon der Juli dem Ende entgegen. Reiche ich die Papiere nicht rechtzeitig ein, verfällt mein Antrag, zumindest habe ich Frau Kunze so verstanden.

Dass es nach einem Vierteljahrhundert als Mitglied der deutschen Gesellschaft so hinterhältig schwer werden würde, amtlich als Mitglied der deutschen Gesellschaft anerkannt zu werden, hätte ich mir nie träumen lassen.

Unter uns gesprochen: Die Redewendung *sich etwas träumen lassen* hat etwas sehr Deutsch-Dienstleistungsgewisses. *Eine Flugverspätung von zwei Stunden hätte sich Joachim Sauer an jenem Morgen nicht träumen lassen.*

Das Boarding beginnt. Höchste Zeit, Vater abzuwimmeln. »Bringst du uns wenigstens Salo aus Kiew mit?«, murmelt er kleinlaut.

Salo ist Würzspeck und der wahre Stolz der Nation. Womöglich das einzige Wahrzeichen, das die ukrainischen Landsleute niemals verspotten. Ich gebe mein einsilbiges Wort.

Der Shuttle-Bus fährt zu irgendeiner entlegenen Startbahn. Es dauert so lange, dass ich noch die Quartalssteuern ans Finanzamt Leipzig überweisen kann. Die deutschen Landsleute werden mürrisch, als hätte jemand gerade neun Komma acht Sekunden lang seine Einkäufe bezahlt. Die ukrainischen

Landsleute fangen an zu scherzen, man habe vielleicht versehentlich eine Busfahrt nach Kiew gebucht. Ich betrachte eine Mutter und ihren Sohn. Sie bestehen erkennbar aus derselben Materie, auch wenn die Evolution den Jungen ein wenig angezickt und ihm eine gröbere Nase und rötlicheres Haar verpasst hat. Die Mutter deutet auf etwas offenbar Amüsantes draußen, und sie kichern einvernehmlich. Seit meine Mutter und ich zerstritten sind, wirft es mich manchmal aus der Bahn, wenn sie mich aus dem Spiegel ansieht. Ich habe es mit mehr Bart versucht, aber von den Augen ist einfach nicht abzusehen.

Vom ersten Staatsfamilienleben zum zweiten Staatsfamilienleben

Ohne die Ukraine, ohne unser erstes Staatsleben, gäbe es mich nicht. Nein, das ist zu unkonkret. Ohne ukrainischen Würzspeck gäbe es mich nicht, weil sich meine Eltern sonst wohl nie kennengelernt hätten. Vor etwa vierunddreißig Jahren schlenderte eine junge Frau namens Vera über den Kiewer Bessarabka-Basar, hielt an einem Stand inne und kaufte einen saftigen Streifen Salo. Dann stolzierte sie weiter, leicht federnd und mit etwas nach außen zeigenden Füßen. Diese Fußstellung hatte sie noch von ihrer Zeit beim Ballett. Eine schlanke, eigenwillige Schönheit, eine schöne Eigenwilligkeit. Spielte irgendwo Musik, schwirrte Vera hin. Imponierte ihr ein fetziger Hut, setzte sie ihn sich auf. Langweilte sie ein Verehrer, weilte sie nicht lang bei ihm.

Plötzlich trat ihr ein kleiner, rundlicher Lockenkopf in den Weg, plusterte sich auf: Leonid, dem sie bald den albernen Schnurrbart untersagen würde. Dieser Leonid eröffnete ihr, dass er es nicht mit seinem Gewissen vereinbaren könne, eine so bezaubernde Frau mit derart minderwertigem Würzspeck davongehen zu lassen. Vera vertraute Leonids drolliger Gewissenhaftigkeit am Wegesrand, spürte wohl etwas darin. So unförmig er daherkam, so schneidig konnte dieser junge Mann auftreten. Ein rastloser, energetischer Flummi, mit mehreren Taschen über der Schulter. Ständig etwas berechnend, spekulationsschnüffelnd, nach China schießend, dort alles von Batterien bis Angorapullis aufkaufend, um es in der mangelwarigen Ukraine für ein Vielfaches zu verscherbeln. Einer, der aus Spänen Honigmelonen machen konnte. Einer, der den großen Sprung schaffen, unabhängig sein und leben, nein, *bestmöglich* leben wollte. Der sowjetische Staat war ihm dabei stets im Weg: Er verteilte die gleichen Trockenäpfel an alle und überwachte, wer sie wie und wann kaute. Wobei, eigentlich behauptete er nur, dass alle die gleichen Trockenäpfel bekämen, was Leonid wusste und hasste.

Vera mit dem diskreditierten Speck erkannte schnell, dass dieser selbsternannte Schweinefleischspezialist Jude sein dürfte. So sagt sie es selbst. Und sie wusste um die politischen Schwierigkeiten, die das im Trockenapfelstaat mit sich brachte. Leonids Eltern konnten nichts gegen die Liaison mit einer Gojfrau einwenden, denn sie waren bereits tot. Leonid wiederum erfuhr früh genug, dass Veras Mutter, Proskofja Mechalowna, als die glühendste Antisemitin in ganz Soroki galt, Veras Geburtsstadt in Moldawien. Und dass Vera eine kleine Tochter aus erster Ehe namens Tonja großzog. Nichts davon schmälerte die Verliebtheit dieser zwei Verrückten, im Gegenteil, bald schwoll der Bauch meiner Mutter an. Erst vom guten Salo, dann von mir.

Kaum erblickte ich das ideologisch klare Licht der sowjetischen Welt, stand Ärger mit dem System ins Haus. Weil es in Kiews Geburtskliniken strikte Milchquoten gab und ich wie ein Wahnsinniger nach einer sofortigen Neuberechnung der Rationen schrie. Die Stationsärztin schimpfte mich einen Nuckel-Imperialisten. Bald geriet ich ein zweites Mal mit der kommunistischen Ordnungsmoral aneinander, weil ich ein sehr faules Kleinkind abgab. Vera und Leonid fürchteten schon, ich könnte behindert sein, weil ich partout den Kopf nicht heben wollte. Bis ihnen ein Arzt klarmachte, dass dieser kleine Drückeberger sich nur nicht die Mühe dazu machte.

Beide Konflikte kulminierten in meiner Vorliebe für Wareniki mit Quark, die als leniwiji – faul – bezeichnet werden, weil sie schön durchhängen müssen. Damals-Mama war eine Großmeisterin darin, sie zu bekömmlichen Teigenichtsen zu kneten. Ja, auch wenn Vera und Leonid sicher sagen würden, dass jene Jahre radioaktiv sowie sozio-ökonomisch verseucht waren: Für mich ließ es sich prima in Kiew aushalten. Damals-Mama und Damals-Papa sorgten sich ständig um den Smog in der Stadt, ich dagegen fand den Benzingeruch der alten sowjetischen Viereck-Autos heimelig. Fuhren sie uns doch immer sicher nach Hause in unsere kleine Chruschtschowka, wo die Babuschkas im Hof bereits verstanden hatten, wie bezaubernd ich bin, und diesen Umstand mit Süßigkeiten aufrechterhielten. Mein liebster Spielplatzfreund Rostik wohnte nebenan, meinem Wunsch nach einem eigenen Hund wurde entsprochen, dem nach einer Katze ebenso. Und die Tage, na ja, die Nachmittage mit meiner Schwester Tonja waren mir auch lieb.

Tonja lebte damals bei Proskofja Mechalowna, ein freundlicher Gott habe sie selig. Die winzige Wohnung in der Chruschtschowka war zu klein für uns alle, Tonjas Rollstuhl passte nicht einmal durch den engen Türrahmen des für unaufhaltsame sowjetische Arbeiter vorgesehenen Ziegelsteinhauses. Der Rollstuhl war nötig geworden, weil Tonja nach etwa sechs gesunden Jahren immer kränker und kränker wurde. Bis sie irgendwann nicht mehr laufen konnte und sich krümmte wie ein Kringel von einem Menschen. Vielleicht war es ein Hirnschlag, vielleicht ein Gendefekt, der meine Schwester immer kränker machte. Meine Mutter hat mir die medizinische Ursache nie genau auseinandergesetzt. Und ich muss zu meiner Schande gestehen, dass ich bis heute nicht auf einer präzisen Antwort bestanden habe. Ich bin wahrscheinlich ein mieser kleiner Bruder. Andererseits würde dieses Wissen nichts an der Wirklichkeit ändern.

Lessja Sawelewna, unsere Privatlehrerin, sie roch immer ein wenig wie der Kuli, mit dem wir übten, und nach Trockenäpfeln, unterrichtete anfänglich sowohl Tonja als auch mich. In Omas Wohnung, die zwar älter und knarziger war, aber irgendwie netter gemeint schien. Die Decken waren ganz weit weg vom Kopf und an den Rändern feierlich verschnörkelt. Das Haus, in dem sie lebte, war auch nicht glatt aus roten Ziegeln, sondern grün-weiß und aufwändig geschwungen. Tonja und ich lernten also Rechnen und Schreiben, Proskofja Mechalowna stritt manchmal mit ihren beiden Wellensittichen. Ich glaube, sie warf ihnen Schamlosigkeit vor. Irgendwann am Nachmittag holten mich dann Damals-Mama und Damals-Papa ab. Und wir flanierten ein wenig durch die riesige Stadt, die mir dank ihnen nicht das Geringste anhaben konnte.

Eines Tages, mir war bereits Veras und Leonids Hochzeitsmedaille in einer samtroten Schatulle anvertraut worden, schrieben die beiden sich für Deutschkurse ein. Und sprachen immer öfter von Germania. Dabei hatte ich doch gerade erst das Liedchen zum russischen Alphabet gelernt.

»Soso lala, soso lala«, flötete Leonid seine erste deutsche Lieblingsvokabel und grinste wie der Zirkusdirektor des Jahres. Gleichzeitig begannen beide mir einzubläuen, dass in Germania Schluss sein würde mit dem ewigen Müßiggängertum.

»Dort wirst du ein Fremder sein, den niemand braucht! Wenn du da nicht den ganzen Tag arbeitest und wie ein Besessener lernst, wird überhaupt nichts aus dir!«

Und Proskofja Mechalowna krakeelte von der Seite: »Nicht mal als Kloputzer werden sie dich in Germania nehmen!«

Das Schreckgespenst vom faulen Einwanderer: Niemand fürchtet es mehr als der Einwanderer selbst. Ich wusste nicht, was genau Germania eigentlich ist, nahm mir die sinisteren Prophezeiungen aber sehr zu meinem siebenjährigen Herzen. Ausgerechnet Proskofja Mechalowna erklärte dann kurz vor der Abreise, dass sie eigentlich lieber nach Israel wolle. Das hatte weniger mit einer inneren Umkehr oder dem Heiligen Land an sich zu tun als mit irgendeiner Tjotja (Tante) in der Schlange am Sardinenstand auf dem Fischmarkt, die ihr gesagt hatte, dass es gut sei in Israel. Und was die normalen Ljudi, die Landsleute, sagten, das war für Proskofja Mechalowna Gesetz.

Ausgerechnet an einem achten Mai, dem Tag der deutschen Kapitulation, erhielten meine Eltern die Einreisegenehmigung für die Bundesrepublik per Post. Leonid und Vera lasen das Schreiben noch in der Tür. Mit ungläubiger Vorfreude, die besonders Leonids Gesicht immer strahlender schimmern ließ. »Ab heute ist das ein doppelter Feiertag, ein Tag des Sieges! Deutsche Soldaten, deutsche Offiziere, soso lalala, soso lala«, sang er wie losgelöst, triumphierend durch die Chruschtschowka tänzelnd. Der Zirkusdirektor flog majestätisch durch die Manege, auf dem Rücken zahmer weißer Herrenrassentiger. Den Siebenleuchter nahm er dann trotzdem nicht mit, zu schwer.

Mit ein paar Koffern, einem Sony-Fernseher, einigen schönen Vasen (Vera waren sie nicht zu schwer), einer Sibirischen Katze, einem Basset Hound und etwa sechzigtausend Deutschmark brachen wir in das neue Land auf. Der Busfahrer brummte durchs Mikrofon, dass wir gleich zur ukrainisch-polnischen Grenze kämen, Zeit für die Kollekte. »Die Tamoschniki (Grenzbeamte) lassen vieles durchgehen, wenn vieles durchgeht.« Also legten alle Insassen Dollarscheine in ihre Pässe und reichten sie nach vorne durch. Damals-Mama gab auch mir einen Dollar, ich legte ihn staatstragend in meinen Pass.

Als wir uns später der deutschen Grenze näherten, wollte ich zeigen, wie aufmerksam ich alles verfolgt hatte. Ich sagte zu Papa, dass er die Dollar rausholen solle, aber er lächelte beseelt und sagte, dass in Germania keine Kollekte mehr nötig sei. Papa schaute Mama an, die beiden lachten und küssten einander leicht überschwänglich. Wie zwei Menschen, die lange auf diesen bestimmten Kuss gewartet hatten.

Der Bus hielt in den Morgenstunden in einem Städtchen namens Meerane. Und während meine Eltern die Koffer ausluden, sah ich einen Igel von einem Busch zum anderen flitzen. Recht so, Herr Igel, Tempo, Tempo – das ist Germania! Wir zogen in Sachsens schönsten blau-weißen Baucontainer. Und blieben ein Jahr im Asylheim. Mit Abstand am schnellsten integrierte sich die Katze, Marta. Beseelt vom wirtschaftswunderlichen Pioniergeist, ging sie, ohne Zeit zu verlieren, im angrenzenden deutschen Waldgut jagen. Und legte Versorgungsmaus um Versorgungsmaus vor unserem Fenster ab. Man hat versucht, Marta zu erklären, dass die Nachfrage das Angebot bestimmen sollte, aber sie wollte das nicht hören. So wie wir nicht auf die Bezeichnung »jüdische Kontingentflüchtlinge« hören wollten, doch das waren und sind wir offiziell.

Im achten Stock des Plattenbaus am Leipziger Stadtrand legte Marta natürlich keine Mäuse mehr vor dem Fenster ab. Doch ausgerechnet dort stank meinen Eltern plötzlich die Außenwelt, ihr neues, selbsterwähltes Land, und der süßlich verdummende Duft von Verklärung stieg auf. Sie begannen, die Ukraine zu glorifizieren!

»Dein stinkendes Leipzig ist nichts gegen Kiew, Dima«, sagte Mama nun, als wäre die Auswanderung meine Entscheidung gewesen. Absurd, meinen Sie nicht, liebe Landsleute?

Vielleicht war das der Augenblick, in dem ich zu ahnen begann, dass unsere Reise noch lange nicht beendet war. Dass ein Aufbruch noch keine Ankunft ist. Und dass sich unsere Familie unterwegs für immer verändern würde. »Du bist ja sowieso schon einer von denen, ein Deutscher«, sagte sie, als wäre ich ein gammliger Fisch. Vielleicht wollte ich allein deshalb all die Jahre lang niemals Deutscher werden. Um meinen Eltern zu beweisen, dass ich doch ganz und gar zu ihnen gehöre. Ganz egal, wo wir waren.

Als das Abenteuer Auswanderung zum Alltag schrumpfte, standen die Dinge *soso lala*. Leonid stellte bald fest, dass sein Spekulationsschnüffelsinn in den neuen Jagdgebieten nicht so richtig anschlug. Dass er nicht zum Salo respektive Bierschinken führen wollte. Er gründete ein Busunternehmen, das zwischen der Ukraine und Deutschland verkehren sollte. Bis die Busse eines Tages nicht mehr aus der Ukraine zurückkamen. Weil es die Ukraine ist. Welche Busse? Dir haben nie Busse gehört. Jurij ist in die Türkei geflogen, den kannst du nicht sprechen. Oder Ägypten. Verpiss dich.

Und weg waren die Ersparnisse.

In der Ukraine, dem löchrigen, unglaubwürdigen Land, das Leonid verlassen hatte, war er unabhängig gewesen. Im kreditwürdigen Deutschland rieb er sich ungläubig die Augen und fragte sich, wo seine schöne Unabhängigkeit geblieben war. Die Nachbarin mit dem *Rudolf Heß war ein Volksheld*-Aufkleber an der Tür würde es ihm nicht erhellen. Ihre glatzköpfigen Besuchertrupps auch nicht. Vera verdingte sich als ABM-Kraft und stutzte Sträucher, dann stützte sie als Altenpflegerin ostdeutsche Senioren, bevor sie schließlich, die letzten zweitausend Mark in der Hand, auf die Idee kam, ein Geschäft für russische Spezialitäten zu eröffnen. Leonid würde das Handelsmännische übernehmen, die Waren profitabel ankaufen, wie er es so gut konnte, während Vera sich ums Verkaufen kümmerte. Das hatte sie schon an vielen Kassen und Märkten in Kiew getan. Wer den Teil mit der Bürokratie erledigen würde, blieb erst mal offen.

Proskofja Mechalowna wiederum, die freundlichsten aller freundlichen Götter mögen ihr Himmelssardinen im Überfluss gönnen, war auch nicht besonders glücklich über ihr Dasein in Germania. Die kurze Fischfantasie Israel hatte sie bald wieder vergessen, daran lag es nicht. Großmutter schien überhaupt nur froh zu sein, wenn sie sonntags beim Kartenspielen gewann. »Ihr habt mich in einen Gulag verschleppt«, warf sie Vera und Leonid vor. »Scham habt ihr keine!«

Proskofja Mechalowna war vielleicht kein Mensch moderater Worte, doch sie war es, die sich den ganzen Tag um Tonja kümmerte, die den Umzug nach Deutschland schlecht vertragen hatte und immer mehr abmagerte. Proskofja Mechalowna umsorgte, pflegte, fütterte und wusch sie, sodass sich Vera und Leonid ganz und gar in der Dystopie vom Leben für die Arbeit verlieren konnten, die sie eigentlich mir angedroht hatten.

Tagein, tagaus Pelmeni, Wodka und eingelegte Gurken verkaufen. Tagein, tagaus Belege über verkaufte Pelmeni, verkauften Wodka und verkaufte Gurken stapeln. Die Belegberge in Tabellen fürs Finanzamt zwängen. Berge bezwingend, vergaßen Vera und Leonid nach und nach nicht nur die Ukraine, sondern auch, was für Menschen sie in jenem ersten Staatsleben gewesen waren, auch füreinander. Habe ich mich damals von ihnen vergessen gefühlt? Möglicherweise etwas unverstanden. In Unverständnis diesem neuen Land gegenüber mir selbst überlassen. Bei den Deutschhausaufgaben konnten sie mir nicht helfen und bei den Nazis auch nicht. Recht bedacht, hat sich also gar nicht so viel an meiner Situation verändert. Auf sich selbst gestellt war damals der nach Germania geworfene Dima, und auf sich selbst gestellt ist heute der Dima, der für die deutsche Einbürgerung Kiew aufkaufen muss.

Und doch ist heute alles anders zwischen uns. Trauriger, entfremdeter. Vielleicht liegt es daran, dass wir ein zweites Leben begonnen haben. Wareniki hat Heute-Mutter seit fast zwanzig Jahren nicht mehr geknetet. Und der Volkswagen, den meine Eltern fahren, stinkt nach Zigarettenrauch, gammligen Aldi-Broschüren und Schweiß. Dieser Dreitürer des zweiten Staatsfamilienlebens parkt vor einem Haus, in dem ich nicht sein will.

Migration hört eigentlich nie auf, auch fünfundzwanzig Jahre später wandere ich noch immer nach Deutschland ein – allein, ohne meine Eltern. Vielleicht spielt es auch gar keine Rolle für unser Familienschicksal, in welcher Stadt und welchem Land es stattfindet. Wer weiß das schon. Nur dass Schicksalsschläge in jedem Staat auf die Nieren zielen, das ist unstrittig.

Vom zweiten Staatsfamilienleben nach Katzastan

Auf Leonid ist kein Verlass mehr. Der Mann, der meine Mutter damals mit seiner Entschlossenheit beeindruckte, die Welt auf Schleichwegen zu erobern, will heute nur möglichst bequem vor sich hin leben. Er meidet jede Festlegung, jede Entscheidung, jeden Konflikt. Er hadert mit allem. Zum großen Sprung würde er nicht mal ansetzen, wenn sein Leben davon abhinge. Zöge ein Tornado durch Sachsen, würde Leonid still in seinem Stübchen sitzen und warten. Bis die Wände beben und der Sturm das Dach über seinem Kopf donnernd fortreißt. Dann erst würde er nach oben sehen und dem Tornado zusäuseln: Liebe Katastrophe, können wir nicht Freunde sein? Ich gebe dir auch eine Dose schwarzen Kaviar. Küsse und umarme dich.

Und wenn die Katastrophe entgegnen würde (tut sie nicht, aber wenn): Na gut, Ljonichka, weil du es bist. Wie viel Gramm Kaviar sind es denn? Selbst dann würde er es schaffen, betrübt über diesen Ausgang zu sein. Weil der liebe Sturm ja auch irgendwann weitermuss und er seinen windigen Freund vermissen wird. Freilich ohne sich je die Mühe zu machen, den Sturm mal anzurufen oder sich zu einer Mail aufzuraffen.

Dieser lasche Leonid hat in Vera genau die richtige und exakt falsche Frau für das zweite Staatsleben. Vera kann alles (besser), weiß alles (besser) und entscheidet für beide. Heute-Mutter säuselt fast nie, sie schreit dafür sehr oft. Ihre Fähigkeit, koordiniert den Koller zu kriegen, ist einzigartig.

»Ljoooooonja! Wie soll ich die Erklärung fürs Quartal fertigmachen, wenn du alle Rechnungen in deinem Arsch hortest!«

Unter dem Hochdruck dieser Klangkulisse sucht Leonid dann in Windeseile sämtliche Papiere zusammen, die er monatelang angeblich nicht finden konnte, und legt sie hastig auf Veras Tisch, die daraufhin sofort in ihre Sprechstimmlage wechselt, als würde sie aus einem Räumungsfahrzeug aussteigen. Warm und fürsorglich fragt sie dann etwa: »Häschen, was wollen wir heute zu Abend essen?«

Meine Mutter ist die mit dem Führerschein in der Familie, sie ist es, die das abgerissene Dach wieder annageln kann. Sie macht den Berg tabellenfähig. Den Teufel täte sie, einem Tornado Freundschaft und Kaviar anzudienen. Sie würde stattdessen ihren Spezialschrei für Stürme entfesseln. Und sollte die verängstigte Katastrophe ihr dann in Notwehr ein Bein brechen, würde Vera das unversehrte Bein zu trainieren beginnen, noch ehe die Katastrophe von ihrem Knochen abgelassen hätte. »Hoffe auf das Beste und bereite dich auf das Schlimmste vor«, würde sie dabei aufsagen.

Wahrscheinlich wird man automatisch so resolut, wenn man eine schwerkranke Tochter in der Sowjetunion durchbringen muss. Und später in einer wilden Ukraine und einem fremden Deutschland. Klagen hilft nichts, Tränen haben keine Arme und können keinen Rollstuhl am Gullydeckel vorbeimanövrieren. Und Tränen können keine Anträge stellen. Von denen sehr viele in Deutschland nötig werden, denn auch Behinderung bedeutet bürokratischen Ballast. Ein Kostenzuschuss für einen Rollstuhl etwa ist nichts, was nicht immer mal wieder administrativ überprüft werden müsste. Aber immerhin sind die Gullydeckel dann fest.

Wobei dieses Problem ja in der vergessenen Vergangenheit

liegt. Hätte Russland nicht die Krim besetzt und den Krieg im Donbass entfacht, wir hätten vielleicht nie mehr von der Ukraine gesprochen.

»Die Krim war schon immer russisch! Die Menschen auf der Krim wollen das!«, schrie meine Mutter mir entgegen. »Alles, was man diesen diebischen Ziegenböcken in Kiew wegnimmt, ist etwas Gerettetes! Aber das verstehst du Deutscher ja nicht!«

An jenem Treppentag im März wurde mir schlagartig klar, dass ich es gar nicht mehr verstehen wollte. Dass ich im Gegenteil einen deutschen Pass begehre, um mich von Vera und Leonid abzugrenzen. Dass unser Bund schon lange brüchig geworden, vielleicht sogar gebrochen ist. Dass vor allem meine Mutter ihn gebrochen hat und Vater einfach abgebrochen danebenstand und die Äuglein zukniff.

Die Pisse auf der Treppe, sie stammt von Veras Zucht Sibirischer Katzen. Das ist der Anlass unseres Konflikts. Katzen.

Ich betone Anlass, denn letztlich sind die Katzen nur Ausdruck ihrer grundsätzlichen Missachtung für uns. Eine regelrechte russische Enklave hat sich Vera herangezogen: Katzastan. Seit etwa zehn Jahren ist mein Vater nur noch eine rechtelose Randgruppe darin. Selbstredend habe ich als Besucher schon gar kein Stimmrecht und werde als ausländischer Agent gebrandmarkt. Gewisse Räume Katzastans dürfen wir mit unseren Menschenbazillen nicht betreten, und mit dem unerträglichen Gestank haben wir uns abzufinden. Eine Zeitlang hat Heute-Mutter uns Katzastan als Geschäftsidee verkauft, aber die Katzen werfen seit Jahren nicht mehr, sie hält sie sich einfach wie eine Ersatzfamilie. Derzeit sind es wohl dreizehn, ich habe den Überblick verloren. Die alte Wohnung meiner Eltern war am Ende ein großer Brocken Katzenstreu. Dann steckte Heute-Mutter viel Geld in ein Haus, damit Katzastan wachsen konnte. Meine germanische Meinung dazu zählte nicht. Erst als ihnen das Geld ausging, war ich gefragt, und dann gleich deutlich mehr, als mir lieb war. Leonid wehrte sich nach Leibeskräften, also so gut wie gar nicht.

Inmitten der von Vera geschaffenen Tatsachen und jener madigen Märzsonne saß Leonid nun also in einem zerkratzten türkisfarbenen Sessel zwischen hundertfach pheromonmarkierten Katzenbäumen, Bauschutt und Umzugskartons. Ins Nichts starrend. Fragte man ihn danach, würde er bestimmt behaupten, er habe in diesem Augenblick nachgedacht. In Wahrheit starrt er in solchen Momenten auch innerlich einfach ins Nichts, vielleicht lässt er auch das Nichts in sich starren, wo ist da der Unterschied?

Vera erklärte wenige Meter weiter einem vietnamesischen Bauarbeiter im Deutschlandtrikot, wo das Rohr leckt und wie er die Wand einreißen soll, um ranzukommen. Einen Meter weiter fickten ihre Katzen, die zwei Freigänger. Der Rest der Katzachen ist in einem komplizierten Kalkül auf verschiedenen Teilen des Grundstücks eingesperrt, genießt aber klar festgelegte Freigangzeiten im Hof. Nur ihr Miauen lässt sich rund um die Uhr vernehmen.

In diesem Augenblick fühlte ich mich so allein wie selten zuvor. Andererseits aber auch frei. Frei genug, endlich aus der Familie auszuscheren und der erste Deutsche zu werden. Wenn ich wütend auf meine Eltern war, eigentlich ununterbrochen, stand ich kurz davor, Deutsch mit ihnen zu sprechen. Mich hinter der Identität zu verbarrikadieren, die sie mir früher vorwarfen. Hört her, ihr habt mich zu einem von denen gemacht. Ihr seid der gammelige Fisch, nicht ich!

Als ich mich vor Heute-Mutter aufstellte, brachte ich es aber doch nicht übers Zungenherz und drohte stattdessen auf Russisch: »Solange dir deine Katzen wichtiger sind als wir, siehst du mich nicht mehr in diesem Haus. Du hast es sowieso nur für sie gekauft!«

Heute-Mutter rauchte und schwieg. So wie sie es immer tut, wenn sie etwas hört, das ihr nicht passt. Dann fragte sie bedeutungsschwanger, ob ich mir sicher sei.

»Sehr sicher! Ihr seid noch nicht mal richtig eingezogen, und alles stinkt schon bis zur Straßenbahnhaltestelle nach Urin!«

»Das denkst du dir aus.«

Fast lustig, exakt mit diesen Worten behauptet Mutter auch, dass es keine russischen Soldaten im Donbass gäbe.

»Dreizehn Tiere in einem Haus, und ich denke mir aus, dass es nach Tier stinkt. Klar. Du hast versprochen, sie nicht alle mitzunehmen. Erinnerst du dich?«

Schreiendes Schweigen.

»Mama, ich frage dich ein letztes Mal. Wirst du bitte ein paar deiner Katzen weggeben?«

»Nein!«, schrie sie mit voll ausgefahrenem Unterkiefer und landesweit aufgerissenen Augen.

Ich brüllte *idiotka* und stürmte hinaus. Hörte, wie meine Stimme ihrer Stimme sehr ähnlich klang. Fast identisch. Von niemandem habe ich mich in meinem Leben so missachtet gefühlt wie von dem Menschen, dessen Kopie ich zu sein scheine. Alles hat zu laufen, wie sie es will. Sitzt in der Scheiße und hält sich für Gott. Nein, ich will nichts mehr mit Heute-Mutter zu tun haben! Sie, meine lieben Landsleute, lesen dies und denken vielleicht, ich sei harsch, undankbar und unempathisch. Unfähig, die Pein-Parallele zu Tonja zu ziehen.

Doch, die ziehe ich, mitten durch mein Herz.

Natürlich weiß ich, woher die Manie meiner Mutter rührt, wenn sie den Katzachen bis drei Uhr morgens hinterherschleicht, um sie mit blutigen Küken zu verwöhnen. Der Grund liegt rund um die Uhr im einzigen Zimmer, das sie sauber und tierfrei hält, und wird künstlich ernährt. Dreimal am Tag kommen Pfleger, um die Schläuche in dem immer kleiner werdenden, ständig von Krämpfen erschütterten Körper zu richten. Je mehr mein Mitleid für meine Mutter wächst, desto heftiger entflammt auch die Wut auf sie. Zwei unüberwindbare Pole, ein emotionales Gefängnis.

Seit dem Treppentag habe ich oft in Hotels übernachtet, wenn ich in Leipzig war, um nicht in ihr Katzastan zurückzukehren. Dort ist kein Platz für mich. Und ich weiß nicht, welchen Antrag ich stellen müsste, um das zu ändern.

Zum Heulen witzig, dass ich ausgerechnet jetzt nach Kiew muss, um deutsche Distanz zu gewinnen. Auf mich allein gestellt.

Unter uns gesprochen: *Auf sich allein gestellt*, das ist ein gleichzeitig ermutigender und beängstigender Ausdruck. Immerhin steht man, das ist ja schon was. Man könnte auch auf sich allein gelegt oder gar gedrückt sein. Und doch ist man eben gestellt, wie ein Verbrecher, gefangen fast.

Als schöner empfand ich immer die russische Aufforderung *wsjat sebja w ruki*. Sich selbst in die Hände nehmen. Jetzt musst du dich selbst in die Hände nehmen, mein kleiner germanischer Goldfisch.

Hotel Ukraina

Im Flieger mustere ich meinen ukrainischen Pass. Auf dem Foto gucke ich wie ein Entführungsopfer. Flehende Augen, schreckensharte Züge, holt mich hier raus, bitte. Das ist der Blick, den jeder in der ukrainischen Botschaft in Berlin kriegt. Ein administrativer Tag dort ist eine Mischung aus Juraexamen und Sterben. Auf die Visaseiten sind ukrainische Wahrzeichen geprägt, von denen ich kein einziges benennen könnte. Und während die meisten Seiten leer sind, prangt der russische Stempel aus dem Jahr 2018 ganz am Ende des Dokuments, direkt auf dem Parlamentsgebäude der Ukraine. Ein Staatsstabilitätsschelm, wer Böses denkt.

Das Einzige, was zwischen uns Menschen und den freundlich bestimmten Göttern steht, ist wohl die Bürokratie. Warum sonst sollte sie den Mächtigen erst so sehr zu Kopf steigen und den Verwalteten und Kategorisierten dann so unbegreiflich hoch über die ihren wachsen? Bis an den Himmel reichen die Bestimmungen. Ob meine Apostille für das Technische Rathaus Leipzig auch irgendwo hier umherschwebt? Ich blicke aus dem Fenster und suche den Himmel nach meiner Formalie ab. Aber sie ist weder bei den Tupferwölkchen zu entdecken noch bei den wie ein weißes Bett ausgebreiteten Weitwolken. Auch nicht irgendwo über den Feldern Polens oder den bergigen Karpaten. Wahrscheinlich hängt meine Formalie einfach höher. Als unten Kiew zum Vorschein kommt, wird mir mulmig.

Außerdem klopft ein recht dummer Gedanke an, den ich aber hereinbitte, um ihn näher betrachten zu können: Aus der

Luft kann man Korruption nicht erkennen. Die abgeschabten Hochhäuser, die rostigen Fabrikdächer, die leeren Swimmingpools vor den Datschas – sie könnten schließlich auch mit individuellem Missmanagement zusammenhängen. Die Autos auf den Brücken fährt doch auch ein jeder selbst, und im Dnjepr treiben keine Geldkoffer. Die goldenen Kuppeln der orthodoxen Kirchen und Kloster strahlen. Das Flugzeug neigt sich scheppernd nach links. Oh, und ein Reaktor, sicherlich nicht Tschernobyl, der trägt ja Sarkophag, trotzdem gruselig. Besonders von hier aus gesehen, aus der Perspektive einer wackeligen Maschine, deren Flügel im Luftstrom zittern, während unter unseren Füßen der Blechboden bebt.

Der Uber-Fahrer ist miserabel gelaunt. Sein Skoda hat eine Beule vorne rechts. Ich frage, ob die Konkurrenz mit den offiziellen Taxiunternehmen heftig sei.

»Gibt keine offiziellen Taxiunternehmen in Kiew«, knurrt er und hupt. Auf den ersten flüchtigen Fassadenblick wirkt die Stadt unverändert. Immer noch die gleichen Fünfgeschosser aus sowjetischem Stillstandsstein. Mal grau, mal gelb, mal rötlich, mal braun, aber immer gleich vertraute Erinnerungen aus einem anderen Leben. So wie die vergitterten Fenster an den Fassaden und die Läden im Erdgeschoss. Manchmal mit einem gelangweilten Milizionär davor, der sicherlich vom Urlaub träumt. Dieselben Statuen, dieselben düsteren sozialistischen Heldenreliefs. Und dort die klapprigen, dickschwarze Rauchwolken ausstoßenden Trolleybusse und sowjetischen Viereck-Autos mit angespannten Alltagsgesichtern darin. Heimelig, das gute alte Kiew-Kerosin. Ich bekomme Lust zu rauchen. Seit einiger Zeit stecke ich mir E-Zigaretten in den Kopf. Solche, die einem nur ein bisschen Krebs einbrocken. Nach Heute-Vaters Warnungen habe ich überlegt, sie hier vielleicht nicht zu benutzen. Bevor jemand das E vor der Zigarette als Euro ausliest und Ziegelsteine rauskramt.

»Darf ich im Wagen rauchen?«

»Nu kuriti.«

Der Mann blickt ungläubig, als hätte ich gerade gefragt, ob ich während der Fahrt aus dem Fenster schauen darf. Oder ob die Gullydeckel derzeit fest sitzen.

Das Hotel liegt unweit vom Andrejewski spusk, der anmutigen, sich hinunter zum Dnjepr windenden Meile, wo Künstler ihre Arbeiten feilbieten. Umgeben von stolzen alten Bauten und der prächtigen St.-Andreas-Kirche, die mit ihren türkisfarbenen Zwiebeltürmchen auf einem Hang thront. Dass Damals-Mama hier oft mit mir spazieren ging, registriere ich erst, als ich schon vor Ort bin. Richtig in Rage geriet sie noch in Leipzig darüber, dass die jahrhundertealten Pflastersteine dieser Gassen rausgerissen werden sollten. Damals-Mama hat auch eine Zeitlang hier gehandelt, mit typisch russischen Holzlöffeln, die sie in unserer winzigen Wohnung erst schwarz grundierte und dann mit feinen goldenen Ästchen verzierte, von denen rote Beeren hingen. Ich habe ihr gern und bewundernd bei diesem Handwerk zugesehen. Eine der besseren Eigenschaften meiner Mutter ist ihre Begeisterungsfähigkeit für Arbeit. Ebenso wie ihre tiefe Abneigung gegen jede Art von Pfusch und Halbherzigkeit. Wenn sie etwas macht, macht sie es richtig. Arbeiten anderer betrachtet sie aufmerksam, nimmt sie regelrecht persönlich, liest Haltung und den Grad der Hingabe darin. Eine saubere Naht, ein meisterhaft mariniertes Steak, ein schön gehobelter Tisch, ein gepflegter Park, ein nicht korrupter Präsident – das alles sind Dinge, von denen Vera hochachtungsvoll, ja beseelt spricht. Ich fand das immer inspirierend, habe ihr das aber nie gesagt – aus Angst, dass mir im Zweifelsfall das russische Vokabular fehlen könnte und es so rüberkommt wie: Total geil, dass du so ein Arbeitstier bist.

Schon verrückt jedenfalls, dass sie mit ihrer Arbeitsmoral in der Sowjetunion zugleich so richtig und so falsch war. Stoffverarbeitung hat Damals-noch-nicht-Mama nach der Schule gelernt. Obwohl ihr Russischlehrer sie anflehte, es doch mit dem Schreiben zu versuchen. Zumindest erzählt meine Mutter das.

»Die Stadtsteuer für Touristen entfällt bei Ihnen als Ukrainer ja«, sagt die Frau an der Hotelrezeption. Das will ich doch meinen, liebe Landsfrau! Außerdem weiß ich sozusagen auf Anhieb, dass das Zimmer im dritten Stock nach deutscher Rechnung ein Zimmer im zweiten Stock wäre. In Osteuropa zählt das Erdgeschoss schon als erste Etage. Alles noch gespeichert. Gleite Goldfisch, gleite durch Gesetze und Gepflogenheiten!

Ganz ohne Unterstützung bin ich auch nicht mehr. Vater hat mir beim Gespräch am Flughafen noch schnell die Nummer einer Zoja durchgegeben. Eine Bekannte sei das. Als ich sie vom Hotelzimmer aus anrufe, drückt Zoja mich allerdings weg.

Fünf Minuten später eine SMS: »Sorry, bin am Meer ☺.«

Kurz darauf eine zweite, längere Nachricht:

»Ljonja hat mir erzählt, dass du Papiere brauchst. Das wird nur über Kontakte gehen. Wir kämpfen in der Ukraine doch jetzt gegen Korruption und haben den Pfad nach Europa eingeschlagen. Aber geregelt werden die Dinge immer noch so wie früher.«

Dahinter hat Zoja ein albernes Emoji mit rausgestreckter Zunge gesetzt. Sodass sich ihre Mitteilung seltsam sieges- und verlustsicher zugleich liest. Es folgt eine dritte SMS mit der Nummer von Andrej, ihrem Mann, den ich anrufen soll.

Andrej geht nach nur einem Klingelzeichen ran. Er spricht dieses ukrainische Russisch, das stets leicht aufgebracht klingt, so als wäre man gezwungen, ständig über Selbstverständlichkeiten zu diskutieren. So ähnlich hatte ich es noch im Ohr.

»Guck, ich weiß auch nicht, wie du dein Problem lösen sollst, Dim. Keiner weiß gerade, was los ist. Seit den Wahlen haben alle Angst um ihre Posten und nehmen nix an. Die fürchten sich, dass ein Kollege sie verpfeift.«

Wie aus Zojas Nachricht kann ich auch aus Andrejs Worten nicht raushören, ob er diese neue Ukraine und ihr Bekenntnis zu anständiger Administration eigentlich begrüßt oder nicht. Immerhin liegt in der Gewissheit, dass alles nur mit Geld zu lösen ist, die Gewissheit, dass alles mit Geld zu lösen ist. Klar, die Königskorruption bleibt den Oligarchen vorbehalten. Aber die kleinen Leute schmieren sich doch auch bürokratische Brote. Und wären in einer nicht-korrupten Ukraine ebenfalls gezwungen, die Umwege der Rechtmäßigkeit zu gehen. So stelle ich mir das zumindest vor, aus der sicheren Entfernung des zweiten Staatslebens räsonierend, das allerdings noch seiner Formalisierung harrt. Deshalb bin ich ja hier.

»Wie dringend brauchst du die Papiere denn?«

»Spätestens in drei Wochen.«

»Unmöglich! Die lassen sich immer einen Monat Zeit! Mindestens.«

»Was soll ich dir sagen, Andrej. Ich brauche sie in drei Wochen. Und zwar schon in Deutschland und professionell übersetzt.«

»Was für ein Golownjak.«

»Du sagst es.«

»Wie lange lebt ihr schon in Deutschland?«

»Fünfundzwanzig Jahre.«

»Und da verlangen die so einen Mist?«

»Ja.«

Ich lache zynisch auf, Andrej bleibt ernst. Klang es für ihn vielleicht so, als würde ich vom hohen deutschen Ross lachen? Nichts kann ich in der Ukraine, nicht Überfahren, nicht bestechen und schon gar nicht an den richtigen Stellen spotten.

»Hast du denn einen inneren Pass?«

»Einen was?«

»Es gibt einen inneren und einen zagraniczny, also hintergrenzigen Pass.«

Wir stellen fest, dass ich so einen hintergrenzigen Pass besitze.

»Keine Chance. Mit so einem stellt dir in Kiew niemand nix aus.«

Sieht also aus, als wäre ich vergeblich hergeflogen. Als wären eineinhalb Jahre Staatsbürgerschaftsschweiß umsonst verflossen. Dann bleibe ich halt Einwanderer, bis sie mich in der heimischen Einwanderer-Erde einbuddeln.

»Vielleicht kannst du es über einen Notar drehen, Dim. Dem gibst du eine Vollmacht, und er wird dann eine Kiewer Firma beauftragen, die Dokumente von den Behörden zu besorgen.«

»Echt, das ginge?«

»Ja, das geht. Du hast doch einen ukrainischen Steuercode?«

»Andrej, ich war acht, als wir hier weg sind. Woher soll ich denn einen verfickten Steuercode haben?«

»Ja, dann weiß ich auch nicht. Ohne ukrainischen Steuercode kann der Notar nichts für dich tun.«

Wieder lache ich auf, wieder bleibt es unerwidert. Ach, schert euch doch alle zum Teufel!

Ich beschließe, mich für heute lieber auf lösbarere Fragen zu konzentrieren. Beispielsweise darauf, wie viele Sekunden an der Kasse in Kiew für das Zusammenpacken als legitim erachtet werden. Unmöglich, dass die Korruptionskultur sich nicht auch auf den Kassenknigge auswirkt.

Ich lande in einem mittelgroßen Geschäft zur Feierabendzeit. Lange Schlange, in der alle möglichen Bezahlenden anstehen. Bauarbeiter, Anzugträger, Pensionäre, junge Frauen mit Sporttaschen. Und kann mich nur zu einem Päckchen Kefir ermannen. Wobei ich spüre, dass meine Knie wundersam wacklig sind, wahrscheinlich ist es einfach das Ukraine-Airlines-Nachwackeln. Der Herr vor mir in der Schlange, im weißen Rentnerkäppchen samt obligatorischer Torbachka (Tragebeutel), dreht sich zu mir um und gibt Bescheid, dass er kurz noch etwas holt. Und ich krieg irgendwie meinen Mund nicht auf zum Okay.

»Wi gaworite po russki? Speak Russian?«

Ich wache aus dem Kefirkoma auf.

»Ja, Russisch. Keine Sorge, ich halte Ihnen den Platz frei.«

Als er wieder vor mir steht, mit nachgeheimsten Pfirsichen, möchte ich doch wissen, woran der Mann meine Fremdheit erkannt hat. Nur weil ich nicht wie aus der Pistole geschossen geantwortet habe, muss er mir doch nicht gleich mit Englisch kommen. Oder? Ich habe mein Bestes getan, um mich wie ein ukrainischer Mann anzuziehen. Lacklederschuhe, Jeans, Polohemd. Nur das Umschnalltäschchen und die Goldkette waren mir zu viel.

»Woran haben Sie denn ausgemacht, dass ich ein Ausländer sein muss, wenn ich fragen darf?«

Der Herr grübelt ein wenig.

»An den Manieren. Die verraten einen immer recht deutlich«, postuliert er dann, geschickt nach dem passenden Kleingeld in seiner gewölbten Handfläche fischend. Während ich mit den frisch gewechselten Zweihundert-Griwna-Scheinen hantiere, als hätte ich noch nie Geld in der Hand gehalten und das Verlangen nach einem Ziegelstein gegen den Kopf. Dann ist der Herr ganz schnell an der Kasse durch und weg. Was waren das, fünf Komma sieben Sekunden? Sechs Komma eins höchstens!

Als ich rauskomme, klingelt das Telefon, kann eigentlich nur Andrej sein. Ich suche es hektisch, wobei das Päckchen Kefir runterfällt und so potent platzt, als wäre Kuhdynamit drin gewesen. Eine Runde besoffener Typen lacht sich auf der anderen Straßenseite schlapp über mein Missgeschick.

»Dim, ich habe einen Notar gefunden, der schreibt's dir auch so, ohne Steuernummer.«

»Sicher?«

»Natürlich nicht! Keine Ahnung! Der sagt jetzt Ja und morgen Nein. Und wenn wir ankommen, heißt es: Bin ich euch etwa Rechenschaft schuldig?«

Jetzt lacht Andrej, den ich innerlich schon zum Teufel gewünscht habe und der sich dennoch in der Zwischenzeit um meinen Golownjak kümmert. Dankbar, aber verspätet lache ich nach.

Ohne Steuernummer, dafür mit Kefirkonfetti am Hosenbein, steuere ich weiter. Berühmte Reiterstatue, von der ich nicht weiß, wie sie heißt. Berühmte Kirche und gleich noch eine, von denen ich auch keinen Schimmer habe. Immerhin, das Hayat-Hotel dazwischen kommt mir bekannt vor. Je vertrauter etwas in dieser Stadt scheint, desto fremder wird es zugleich, weil die Vertrautheit eine gebrochene ist. Das alles kratzt beim ersten Ausflug deutlich tiefer als gedacht. Hier wurde ich sonst nur an der warmen, immer schon dagewesenen Hand von Damals-Mama entlanggeführt.

Irgendwann komme ich zum Platz der Unabhängigkeit, dem Maidan. Jener Stätte im Herzen der Stadt, wo die Scharfschützen schossen, als die Landsherzen nach Freiheit, Demokratie und Europa ausschlugen. An diesem Abend pulsieren sie wieder laut und unbeschwert durch die Sommernacht. Vielleicht etwas banal hedonistisch, andererseits kann ein Herzschlag gar nicht banal sein. Bässe, Bierblubberblasen, Leichtsinn, einhundert Leuchtreklamenlichter, Gelächter, Parfüm und Träume verschwimmen in der schaukelnden Luft. Bei der Freiheitssäule aber, um die herum die Menschen im ukrainischen Winter in Zelten ausharrten, wird es still. Dort ist eine Ausstellung, die der Revolution gedenkt. Hohe Stellwände, geschmückt mit einem Relief: die Umrisse demonstrierender Menschen. Gereizte und müde Zigani (Sinti und Roma) schleichen zwischen ihnen umher und verkaufen ukrainefarbene Bändchen. Porträts der hier Gefallenen, der himmlischen Hundert, davor Blumen. »Tod den Moskali« (den Moskauschweinen) und »Die Krim gehört uns« ist an den Fuß der Freiheitssäule geschmiert, andere Graffiti wurden erkennbar weggeschrubbt. Ein paar Meter weiter steht ein Zuckerwatteverkäufer. Und einen Katzensprung vor seinem Wattewägelchen liegt ein Gullydeckel. Eine Frau mit nagelneuen cremefarbenen Pumps tritt mittendrauf. Diese Irre! Glaubt sie, dass die feinen Schuhe und ein wohlhabendes Auftreten sie im Zweifelsfall nicht hineinstürzen lassen? Ein Hipster und ein telefonierender Mann in Lackschuhen, Jeans, Polohemd, Umschnalltäschchen und Goldkettchen teilen ihr Vertrauen. Der Rest weicht lieber aus.

Ich will aufbrechen und betrachte noch einmal die Freiheitssäule. Wobei mein Blick auf das dahinter aufragende Hotel Ukraina fällt. Es gilt als das Beste vom Feinsten im Land. Stolz strahlen die blau-gelben Lettern vom Dach. Aus einem der oberen Stockwerke sollen die Todesschüsse gekommen sein. Wir sind gegangen. Ich bin wieder hier, allein, um für immer zu gehen. *Das verstehst du als Deutscher nicht.* Ausgerechnet beim Hotel Ukraina wollen jetzt Tränen kommen. Zwei Staatsfamilienleben als ein Kloß im Hals. So weit sind wir gekommen, nur um uns jetzt zu verlieren. Der Zuckerwattemann schaut mitleidig zu mir herüber. Ich will dein Mitleid nicht, Zuckerwattemann! Sieh du mal lieber zu, dass du auf dem Nachhauseweg nicht in die Gosse plumpst.

Die böse ukrainische Bestechungsbürokratie – flirtet?

In der Früh fasse ich den forschen Entschluss, es erst mal auf dem irrwitzigen regulären Weg zu versuchen. Beim zuständigen ukrainischen Bürgeramt, ohne Schmiergeld. Andrej, mit dem ich schon beim Notar verabredet bin, bitte ich, bis zum Nachmittag zu warten.

Die ukrainischen Bürgerämter heißen SAGS. Wenn schon Bürokratie, dann ooch wie a bissl Sachsen, ich verstehe. Übersetzt steht das Akronym für so etwas wie *Organe zur Eintragung von Akten bürgerlicher Zustände*. Das SAGS des Bezirkes Petschersk ist von der Idee her für mich zuständig. Schreib ich jetzt so windschnittig, hat nur eine drei viertel Nacht gekostet, das herauszufinden. Von Vati-Shabbati kam der selbst für seine Verhältnisse erstaunlich unbrauchbare Hinweis, dass dort irgendwann mal eine Straßenbahn entlangfuhr.

Selbstverständlich kann mein SAGS auch nur in der Leipziger Straße liegen. Kiew, du alter Ironie-Igel! Ohnehin scheint die Metropole mich ein wenig dafür verhöhnen zu wollen, dass ich ihr eine unzivilisierte Ziegelstein-an-den-Kopf-Mentalität zugetraut habe. Sie führt mir vier Fachhandlungen für E-Zigaretten und Unmengen von Menschen vor, die kostspieliger angezogen sind als ich. Außerdem einige Straßen, bei denen ich mir recht sicher bin, dass sie auf unserem Damals-Heimweg lagen. Die eigentlich schön geschwungenen, halbhohen Gitter des Fußgängerstreifens, manchmal in den

Farben der Ukraine gestrichen, sind genauso verblasst und von poröser Rost-Akne durchzogen wie schon vor fünfundzwanzig Jahren.

Einen gnadenlosen Kampf im Korruptionskolosseum verhieß man mir, doch jetzt stehe ich vor einem schweinchenrosa Gebäude mit blumengeschmücktem Eingang, davor eine herzensfrohe Hochzeitsgesellschaft samt bezaubernder Braut im wallenden Schleier, ein riesiges Bouquet roter Rosen in den Händen. Der Bräutigam stattlich und im piekfeinen blauen Smoking, die Angehörigen schluchzend vor Glück.

»Wowa, wo ist der Champagner?«

An der Information, wo man mich zu Kabinett 4 verweist, kleben Poster der schönsten Hochzeitstorten. Hier also soll die vorentscheidende Verhandlung um meinen deutschen Pass stattfinden?

Kabinett 4 liegt nur wenige Meter von der Hochzeitsgesellschaft und der Torteninformation entfernt, trotzdem ist die Stimmung in diesem schmalen Gang weit entfernt von Feierlichkeit. Passenderweise ist Kabinett 5, gleich nebenan, für Scheidungen zuständig. Das Jauchzen der Angetrauten schwappt noch bruchstückhaft herüber, doch hier stinkt es nach Schnaps, Schweiß und Anspannung. Wobei das meiste davon vermutlich vom mittelalten Mann mit kurz geschorenem Haar und aufgequollenem Gesicht ausgeht, der seiner Begleiterin gerade gereizt ansagt, dass das alles nicht sein Problem sei. Auf dem beigen Kachelboden kriecht ein kleiner Junge herum und stößt allen der Reihe nach gegen die Füße. Rund zwanzig Menschen sind unruhig um die Tür postiert. Wer neu hinzukommt, fragt: *Kto krajnij?* Wer ist der Randigste?

Außer uns gesprochen: Interessanterweise bedeutet diese Frage ebenso, wer der Verantwortliche, der Schuldige ist.

Selten genug gehen die Bürotüren auf, und die begehrten Beamten werden sichtbar. Nach allem, was mir über die Ukraine eingevorurteilt wurde, fürchte ich haarige Fiesfünfziger in Uniform, die in dunklen Kammern hinter Panzerglas hocken und ab und an mit dollarzeichenförmigen Schlangenzungen ans Glas schlagen. In Kabinett 4 sitzen aber drei junge Frauen. Eine im taillierten blauen Kleid mit schwarzen Rüschen am Dekolletee, die zweite im flippigen Jeans-Jumpsuit und mit pinkfarbenem Haargummi. Die dritte im Bunde wirkt gar wie eine Schülerin, die hier brav ihre Hausaufgaben erledigt. Selbst wenn ich wollte, könnte ich mir Frau Kunze weder im blauen Kurvenkleid noch im Jumpsuit vorstellen. Sie operiert eher im sachlichen Sachsensack.

Als ich eintreten darf, schluchzt aus dem Büroradio Mariah Careys »I can't live, if living is without you!«, was recht bedacht ein durchaus authentischer Soundtrack für diese Situation ist. Die Frau im blauen Kurvenkleid nimmt sich meiner Belange an. Aus der Nähe sehe ich nun auch ihre schillernden Ohrringe, ihr Fußtattoo (ein Schriftzug, den ich nicht auf die Schnelle entschlüsseln kann) und die strahlenden Lackschuhe mit Goldschnallen und kleinem Absatz. Ich trage ihr mein Anliegen vor, sie nickt marginal und ist sogar so kulturkulant, ins Russische zu wechseln, als sie merkt, dass ich kein slawisches Mandarin spreche.

»Zahlen Sie siebzig Griwna bei der Post eine Straße weiter und kommen Sie wieder her. Ihr Pass bleibt zwischenzeitlich hier.«

»Und dann kann ich die Papiere einfach abholen?«

»Ja.«

Unmöglich. Kann es so einfach sein? Siebzig Griwna sind keine drei Euro und auch keine Bestechung. Ich glaube es erst, wenn ich es einheften kann.

Neben der Postfiliale das große Werbeplakat einer Nachrichtenseite, humorloser schwarzer Hintergrund, weiße Lettern: *Aus der Ukrainischen Zentralbank sind 200 Milliarden Griwna verschwunden. Wer hat sie?* Die Tjotja am Postschalter verdächtige ich eher nicht, sie weist mich fast rührend ehrlich darauf hin, dass noch mal sechs Griwna Bearbeitungsgebühr hinzukommen. Leichte Euphorie. Dieser ganze Golownjak, bald ist er vorbei! Und zehn herrenlose Griwna finde ich auf dem Weg zurück zu Kabinett 4 auch noch. Dort wartet schon die Geburtsurkunde, himmelbabyblau. Aus Naherlösungsnervosität stelle ich mich etwas dumm beim Unterschreiben an. Doch die Sachbearbeiterin im blauen Kleid mit Rüschen findet das scheinbar sweet. Und bittet wegen irgendetwas um Verzeihung. Niemand hat mir je erzählt, dass ukrainische Beamte um Verzeihung bitten können!

»Wie heißen Sie mit zweitem, väterlichem Namen noch mal?«

»Leonidovich«, sage ich, immer noch recht steif. Eher vom Glück erfasst als mein Glück fassend.

»Den Mädels gefällt das«, sagt sie halblaut kichernd und schnalzt mit der Zunge. Moment mal, flirtet die böse ukrainische Bürokratie gerade mit mir? Fast schon aus der Tür geglitten, frage ich sicherheitshalber nach, ob auch die Apostille angefügt ist.

»Davon haben Sie nichts gesagt. Dafür muss das Dokument ans Justizministerium.«

»Oh.« Ich wusste es. »Und wie lange dauert das?«

»Zwei bis achtzig Tage.«

Achtzig Tage! In achtzig Tagen ist die Kunze'sche Frist längst abgelaufen. Ich fasse einen Entschluss. Nimm all deine acht Jahre Ukrainertum zusammen, alter Junge. Vom Goldfisch zum Kredithai, jetzt ist der Moment!

»Und, sagen Sie, wenn ich mich bei Ihnen ein wenig erkenntlich zeigen würde, für eine zügigere Bearbeitung?«

Seltsam, wie anständig man sich beim Bestechen fühlt, wenn es der einzig verbleibende Ausweg zu sein scheint.

»So etwas machen wir hier nicht, zwei bis achtzig Tage. Für alle. Aber wahrscheinlicher ist es, dass Ihre Papiere schon Ende nächster Woche ankommen.«

Die Sachbearbeiterin im Kurvenkleid signiert die Information mit einem Augenzwinkern. Das ist recht schmeichelhaft und mehr körperliche Interaktion, als ich sie je mit Frau Kunze geteilt habe. Aber da nun mal meine Staatsbürgerschaft von diesem Augenzwinkern abhängt, darf ich auch nicht blind darauf vertrauen. Für die Apostille fallen weitere zweiundfünfzig Griwna beim Postamt an. Die Tjotja am Schalter beschwert sich, weil ihr allmählich das Wechselgeld ausgeht: »Was kommen die denn hier in letzter Zeit alle mit diesen Minirechnungen an!« Vielleicht macht der Komiker wirklich Ernst mit dem Kampf gegen Korruption.

Geburtsurkunde und ein Augenzwinkern errungen, außerdem zum ersten Mal den Mut gehabt, Kiew-korrupt zu sein. Ich rufe Andrej an und gebe Bescheid, dass der Notar uns gern gestohlen bleiben kann! Termin schon vereinbart, bla, bla, bla – sind wir ihm etwa Rechenschaft schuldig? Andrej scheint sich aufrichtig zu freuen.

»Ja sieh mal einer an. Das sind wir eben nicht gewohnt, dass die Dinge so funktionieren, wie sie funktionieren sollen.«

»So oder so, vielen Dank für deine Hilfe, Andrej! Wenn du magst, können wir uns die Tage treffen. Ich glaube, ich schulde dir eine Flasche.«

»Das können wir machen, bald ist auch Zoja aus dem Urlaub zurück. Hast du denn noch Familie hier, die du besuchen willst?«

»Nein, niemanden. Höchstens einen alten Freund.«

Was ich nicht erwähne, ist, dass ich keine Ahnung habe, wie ich ihn finden soll.

Rostik lebte in der Wohnung gegenüber, wir spielten fast jeden Tag miteinander. Mein Vater hatte mir eine Konsole aus China und eine Tonne Spiele dafür mitgebracht, damit war ich in der Kiewer Kinderwelt ein gemachter Mann. Aber Rostik war der Einzige, der wirklich immer mit *mir* spielen wollte, Konsole hin oder her. Als unsere Ausreise beschlossen war, verbot Papa mir strikt, auch nur einer Menschenseele davon zu erzählen. So kam es, dass ich mich am Tag unseres Aufbruchs nicht richtig von meinem besten Freund verabschieden konnte. Ich habe es versucht, habe Rostik meinen Arm umgelegt und vorgeschlagen, einen letzten Spaziergang zu unserem Spielplatz zu unternehmen. Aber als mein Vater das hörte, zog er mich weg und stauchte mich zusammen. Später stauchte Vera dann ihn zusammen, denn sie war schon immer die Mutigere der beiden und hielt seine Vorsicht für Paranoia. Aber da waren wir schon viele hundert Kilometer von Kiew entfernt, und Rostik war tief in mein schlechtes Gewissen gebrannt.

Mein Rückflug geht in zwei Wochen, ich habe jetzt alle Zeit der Welt, also schlendere ich noch mal zum SAGS-Gebäude, um es in Ruhe, als souveräner Triumphator zu besehen. Eigentlich ist nur das Erdgeschoss, also die erste Etage, schweinchenrosa. Darüber bauen sich graubraune Stillstandsziegel auf. Aus welcher Zeit stammt es wohl, ist es eine Stalinka, eine Chruschtschowka? Kleine brüchige Balkone im Wohnbereich über dem Amtsfundament, dürftig mit Wellblech, Holz, mitunter Tüchern geflickt. Genau zwei Wohnungen verfügen über eine Klimaanlage von LG. Die obligatorischen Fenstergitter sind mal farbprall, mal regressrostig. Jeder muss sehen, wo er bleibt. Dieses postsowjetische Gesetz lässt sich in Kiew an sehr vielen Häusern ablesen.

Direkt hinter der SAGS steht ein frenetisch gesichertes Gebäude, hohe Mauer, Stacheldraht.

»Verzeihung, ist das ein Gefängnis?«, frage ich eine vorbeilaufende Pensionärin.

»Jungchen, wenn es ein Gefängnis wäre, hätte es in diesem Land keine Fenster. Das ist eine Kadettenschule.«

»Und wozu dann der ganze Stacheldraht?«

»Damit die jungen Leute abends nicht rausklettern und sich die Nächte um die Ohren schlagen, Jungchen. Oder vor dem Krieg fliehen. Wer sind Sie eigentlich? Ein Abgeordneter? Ein Major? Sind Sie einer der Unseren? *Nash*?«

Ich gestehe, dass ich schon seit einem Vierteljahrhundert nur noch entfernt einer der Unseren bin. Und ganz sicher kein ukrainischer Abgeordneter.

»Ach, so viele junge Menschen sind weg aus der Ukraine. So viele. Manche bleiben für immer fort, andere kehren zurück, sie wollen ihr altes Zuhause sehen. Denen tut das Herz weh, anderen nicht.«

Tut mir das Herz weh? Sollte ich unser altes Zuhause aufsuchen?

Ein paar Blocks weiter liegt ein großer Supermarkt, hinter dessen Scheiben ich sage und schreibe fünf Expresskassen zähle! Über die möglichen Bestzeiten grübelnd, schlendere ich fast nebenbei in die Allee der Helden. Ein riesiger Parkkomplex als Gedenkstätte für die Opfer des Faschismus und noch viel mehr für den militärischen Triumph über ihn. In der Mitte des Platzes ein Obelisk, von einem Kranz umwunden, darin brennt das ewige Feuer für den unbekannten Soldaten. Um das Monument für die Helden herum ist der Steinboden fleckig und von länglichen Roststreifen durchzogen. Taubenkot bedeckt alles, vor den Grabsteinen der Gefallenen liegen nur wenige, welkende Blumen. Sahen meine Eltern irgendwann nur noch die Roststreifen und Kotreste? Wie fühlt es sich an, ein Land innerlich so aufzugeben, dass man es verlassen will? Für eines, das man gar nicht kennt? Solange die Faschisten mich nicht mit dem Eispickel jagen, kann ich Deutschland jedenfalls nicht einfach so zurücklassen, liebe Landsleute. Sicher, es gibt Momente der Fremdheit. Aber die Fremdheit in Deutschland ist die heimischste Fremdheit, die ich habe.

Ein junger Mann, an dessen Hals sich tätowierte Wurzelstränge hinabranken, fragt nach Feuer. Keines zu finden. Das macht man eigentlich nicht, ruft er seiner Begleitung zu. Und zündet sich, nach kurzem Zögern, dann doch die Zigarette an der unsterblichen Flamme für die Toten an. Müsste er nicht machen, wenn er wie ein normaler Kiewer E-Zigaretten rauchen würde!

Am Eingang der Militärausstellung zum Zweiten Weltkrieg stehen eroberte Exponate des gegenwärtigen Krieges gegen Russland. Ein Panzer, ein mit Raketenwerfern beladener LKW. Auf den Schilden davor ist in Ukrainisch und Englisch zu lesen: »Dieses Vehikel wurde 2014 von ukrainischen Streitkräften im Kampf mit den Feinden in Lugansk erobert. Es ist ein Beweis für die militärische Aggression Russlands gegen die Ukraine.« Doch allzu genau studiert hier niemand Beweise. Männer kommen ihren ehelichen Instagram-Pflichten nach und fotografieren ihre lasziv vor Raketenwerfern posierenden Frauen. Ein kleiner Junge klettert erst auf den Panzer, dann aufs Führerhäuschen des LKW und macht fachmännische Bemerkungen in Richtung seiner desinteressierten Großmutter.

Über allem thront die Statue von Rodina Mat, der Mutter Heimat. Wie eine Formalie ragt sie vielleicht siebzig Meter in die Höhe, auf einem recht hässlichen, ebenfalls riesigen Steinsockel. Sie reckt mit rechts ein Schwert und mit links ein Schutzschild samt Sowjetwappen in die Luft. Ich suche ihr Gesicht nach Bereitschaft zur Bestechung ab. Mal über ein Augenzwinkern nachgedacht? So monumental tugendhaft kann doch keiner immer gucken. Sicher hat sie alle Hände voll mit Schild und Schwert. Aber wer weiß, was sie im Schilde führt? Auch ihr Steingewand ist faltig genug, um ein paar Bündel zu verbergen. Es heißt, dass sie beinahe aus Gold statt Stahl gebaut worden wäre. Die Schutzmutter der großen Heimat, errichtet von jenen, die die immer kleiner werdende Heimat nun im Osten des Landes bekriegen. In welchem Licht soll man sie gegenwärtig ansehen?

Abends sitze ich am Andrejewski spusk und lutsche Muscheln. Erleichtert sollte ich mich eigentlich fühlen, die Papiere sind mit augenzwinkernder Assistenz unterwegs. Stattdessen steigt aber Ärger in mir auf, als ich die vielen Ukrainefahnen ringsherum wehen sehe. Auch die St.-Andreas-Kirche auf ihrem Hang nervt mich – Schickimicki-Boutiquen-Türkis und die Türme mit Goldkettchen überzogen wie ein typischer Prollo-Russe respektive Prollo-Ukrainer. Vielleicht steigt dieser Widerwille in mir auf, weil die administrative Angststarre nachgelassen hat. Widerwille gegen meine Abhängigkeit von diesem Land, das gesetzlich immer noch meine Gegenwart ist. Wenn die mich nicht gehen lassen wollen, dann darf ich auch nicht gehen. Und Frau Kunze wird nur mit den Schultern zucken.

In den Jazzclub komme ich am Abend nicht rein, zu schlicht angezogen. Der mit irgendetwas Unverständlichem rot bekritzelte Gullydeckel beim Eingang klappert und ist so locker gefasst, wie Gesetze es nie sein könnten. Wenn ich mit meiner

Mutter sprechen würde, könnte ich mit dem neuen Wissen prahlen, dass die losen Steine im Gehweg und erst recht die in den Stufen der Unterführungen großer Straßen nicht minder gefährlich sind. Im Fernsehen läuft kurz vor Mitternacht eine Comedyshow über ukrainische Grenzbeamte. Erst hält die Beamtin den ganzen Betrieb auf, um genüsslich Klamotten aus der beschlagnahmten Fuhre rauszusuchen. Dann angelt der Beamte sich Angelzubehör. Nach der Komödie tritt der präsidiale Komiker in den Nachrichten auf. Ernst dreinblickend, verlautbart er irgendwas, ich raffe nix. Dann versichert ein Bericht, dass es in den Kasernen an der Front reichlich zu essen für die Soldaten gibt. Nachts eine Nachricht von meiner Mutter. Kein Hallo, nichts. Nur die Telefonnummer von Rostik.

Woher wusste sie das?

Zeitreise durch den Stillstand

Oksana, die jetzige Untermieterin unserer alten Wohnung, willigt am Telefon sofort ein, mich zu empfangen. Als wäre es ganz normal, dass alle fünfundzwanzig Jahre jemand wegen einer Zeitreise anruft.

»Aber bitte erst am frühen Abend, vorher bin ich auf Arbeit. Am frühen Abend, ja? Dobre.«

Wieso ist sie so entgegenkommend? Oh nein, hoffentlich hält sie mich nicht für den jungen Herrn Besitzer, der bald sein Eigentum verkaufen will.

Otez hat unsere alte Kiewer Wohnung von seinen Eltern geerbt. Dann überschrieb er sie Proskofja Mechalowna, um nach Deutschland auszuwandern. Sie erhielt die Einreisegenehmigung erst ein halbes Jahr später als wir, und auch nur befristet. Meine Mutter musste alle paar Monate zur Ausländerbehörde, damit Proskofja Mechalowna auf ihre alten Tage nicht aus ihrem germanischen Gulag abgeschoben wurde. Als Edmund Stoiber Kanzler werden wollte, hatten wir Angst, dass meine Oma verjagt wird. Es war also eine Vorsichtsmaßnahme, die Wohnung zu behalten. Seit Proskofja Mechalowna nicht mehr unter uns weilt, tönt mein Vater, dass er das Eigentum bald abstoßen wird. Warum tut er es nicht? Es ist ein wenig wie mit seiner nie beantragten deutschen Staatsbürgerschaft. Emotionale oder jüdische Gründe liegen nahe, aber noch näher liegen Couch und Fernbedienung.

Welchen Wert dieses Objekt nun für mich hat, kann ich nicht abschätzen. Auch wenn diese kümmerlichen Kämmerchen brüchig waren, karg und bitterkalt im Winter, verbinde ich mit ihnen eine verlorene Heimeligkeit. Eines schönen Abends kam Damals-Papa mit einem originalen Sony-Fernseher aus China zurück. Das Gerät war nicht besonders groß, wie alles in unseren vier Wänden. Zufrieden, warm und reich lagen wir drei eingekuschelt im Bett und sahen Jackie Chan dabei zu, wie er auf die Nase bekam, am Ende aber doch alle fertigmachte. Am Fenster, hinter dem es düster, kalt und unerbittlich war, tanzte das schöne blaue Familienflimmern.

Ich breche bereits am Morgen auf, massive Minutenvorräte mit mir führend. Um das Treiben in der Nachbarschaft in seiner Alltäglichkeit erleben zu können. Die Vorstellung, dass sich an dem Ort, wo unser erstes Staatsfamilienleben endete, immer noch eine Gegenwart vollzieht, hat etwas Unvorstellbares. Dass Landsleute dort gerade ihre Waschmaschinen anschließen, Teppiche ausklopfen, Antennen auf dem Dach ausrichten und ihre Kinder fürs Kanalisationsdeckeltreten ausschimpfen.

Ein bittersüßer Spracherfolg dann im Uber, als ich dem Fahrer von der Zeitreise erzähle und sage: »Ich weiß, das Viertel, wo wir hinfahren, ist nicht der pup zemli«, der Nabel der Welt. »Aber ich möchte es wiedersehen.«

Er freut sich über die Formulierung und lacht: »Pup zemli. Das habe ich lange nicht mehr gehört. Sie sprechen sowieso sehr schönes Sowjetrussisch.«

Ich spreche die erste Staatssprache der Eltern, mit denen ich nicht mehr rede.

Unsere Chruschtschowka sieht immer noch wie unsere Chruschtschowka aus. Eine von vier gleichartigen nebeneinander. Eine von Hunderttausenden Gleichartigen in Osteuropa. Und doch *die* eine. Ihre sowjetischen Stillstandsziegel sind blassrot wie eh und je. In der zerbeulten Einfahrt stehen tiefe Pfützen. Die porösen Steinstufen führen zu einer rostigen Metalltür, die von gewellten, vergilbten Aushängen überzogen ist. Öffnen lässt sich die Tür nur durch das gleichzeitige Drücken von vier Ziffern, allerdings sind die richtigen so abgegriffen, dass dieses Geheimnis leicht zu lösen ist. Ach ja, und drei Katzen liegen an der Pforte. Lässig und satt wie Milizionäre unmittelbar nach dem Urlaub.

Auch der Spielplatz gegenüber ist genauso, wie ich ihn Rostik überlassen habe. Zwei Schaukeln und ein dürres Klettergerüst. Hundertfach gestrichen, nie erneuert. Die Farbpartikel bröseln, sobald man sie mit dem Finger bespielt. Der schiefe Sandkasten mit selbstbewusst herausstehenden Nägeln an den Holzkanten. Staubiger Boden, das Gras so spärlich wie bei einem Greis das Haar. Dafür sind die Birken ringsherum hoch und sattgrün. Weich wiegen sie sich im Wind. Ich setze mich auf eine Bank: einer, der nichts will, aus einer Zeit in eine andere gefallen. Zehn Minuten, zwanzig, dreißig, nur die Birken bewegen sich. Wenn man die rund neuntausendeinhundertzwanzig Tage Abwesenheit mal außer Acht lässt, habe ich bis auf ein paar Birkenbeugungen nichts verpasst.

Aus der Lieblingsbäckerei von Damals-Mama, ein paar Straßenzüge weiter, duftete es bis zur Krim nach Zimt. Vom Geschmacksglühen gelockt, eilten wir oft zusammen hin, dabei machte ich mich öfter über ihre immer leicht nach außen zeigenden Füße und ihren eitlen Gang lustig. Einmal blieb sie allerdings stehen und sagte amüsiert: »Uch ti! Sieh einer an! Du bist mir aber auch ein schöner Stolzierer, Zaja.« Manchmal vermute ich, dass wir deshalb nie Frieden schließen können, weil wir einander zu sehr gleichen.

Die Bäckerei gibt es noch, den Zimtduft nicht mehr. Gar nichts mehr mit Zimt. Die junge Frau hinter der Theke wendet weit mehr als zehn Sekunden auf, um hundert Griwna für eine Apfelpirogge zu wechseln. War hier in der Nähe nicht ein Basar? Da habe ich Damals-Mama verboten, das Fleisch der Schlachtfrauen anzufassen, weil es so dreckig aussah. Nicht dass sie mir noch krank wird.

Heute sitzen in der gelb gekachelten Schlachthalle drei gelangweilte Fleischerfrauen und essen einsam Eis. Vor sich tot riechende Tierteile, faden Würzspeck, Tüten mit Gedärmen, mal auf einer Tischdecke, mal in einer Plastikschüssel oder einfach nackt auf dem Stein abgelegt. »Das Fleisch ist da, aber die Leute haben kein Geld«, klagen sie angeödet. Während die Eiscreme an ihren goldenen Plomben schimmert. Ich verstehe ihr Ukrainisch nur teilweise, tue aber, als würde ich alles begreifen. Was erstaunlicherweise dazu führt, dass ich das Gefühl habe, fast alles zu verstehen.

Unter uns Landsleuten aller Herren Länder gesprochen: Vielleicht sind wir allesamt viel zu vokabelfixiert im Verstehen und läuten die Alarmglocke der Fremdheit beim ersten unbekannten Wort, anstatt kommunizierend die nachfolgenden abzuwarten.

Auch die Verkäuferinnen im Saal für Milchprodukte versauern unbeansprucht. Schulter an Schulter stützen sie sich hinter ihren Quarkquadern aneinander ab. Der Mann am Spielzeugstand hockt zusammengesunken da, die überkreuzten Arme müde auf knochigen Knien abgelegt. Eine Obstverkäuferin harrt so unbewegt aus wie der Zeiger ihrer Waage. Die wiederum so aussieht, als wäre sie aus dem klobigen Führerhäuschen eines alten sowjetischen Viereck-Autos herausgebrochen worden. Eine zahnlose Händlerin beschneidet mit hängenden Mundwinkeln kleinknospige Rosen. Bindet sie zum Bouquet, setzt sich, trinkt einen Espresso, isst eine Banane, schläft ein. Der Basar schläft, das Viertel schläft, nur die

Birken nicht. Bei der Tierhandlung kostet ein Sack Katzenstreu stolze fünfzehn Euro.

Direkt am Ausgang des Basars, der zur Hauptstraße führt, ist ein funkelndes Süßwarengeschäft. Es gehört jenem Pralinenproduzenten, der sich vor dem Komiker als Präsident der Ukraine verdient machte. Die Betonung liegt auf *sich* verdient machte. Er soll selbst unter den Korruptesten der Korrupteste gewesen sein. Auf sattestem Rot steht der Name seines Unternehmens geschrieben, im Schaufenster zappeln Holzpuppen aller Weltmenschen an Fäden. Eskimos, Afrikaner, Chinesen, Indianer. In den blitzenden Scheiben und Vitrinen spiegelt sich die grobe Front der Neungeschosser auf der anderen Straßenseite, wo jeder selbst sehen muss, wie er den brüchigen Balkon zusammenhält. Die Ladentür öffnet sich, von innen dudelt Problemlosigkeitsjazz. Die Mitarbeiter tragen schicke schwarz-weiße Uniförmchen auf durchgestreckten Oberkörpern.

Meine Mutter verachtete den Pralinenproduzenten, der Präsident war und nun wieder Pralinen produzieren lässt, zutiefst. Weil er seine Arbeit so miserabel erledigte. Stahl, stahl und stahl.

»Aber eines muss man diesem diebischen Ziegenbock lassen«, gestand sie gleichzeitig. »Süßigkeiten machen kann er.«

Diese Arbeit erledigte er sehr gut, und das achtete sie.

An genau dieser Stelle, dem Sewastopolska-Platz, begann früher für mich die Außenwelt. Nun betrachte ich diese Welt von außen. Immer noch eine hektische Verkehrsinselwelt ist sie, voller Bushaltestellen, Schilder, Geschäfte, in der Mitte eine Glaskuppel, unter der noch mehr Geschäfte liegen. Otez ruft an. Er tut so, als wäre aller Zwist aus der Welt, und hält sich für besonders clever, als er nebenbei den Lautsprecher anstellt. Als ob ich nicht hören würde, wie Heute-Mutter im Hintergrund an einer Zigarette saugt und die Kinder Katzastans ihr Reich beschreien.

Miaaaaaaau, Miaaaaaau. Wie mich allein der Klang aufregt. Bevor ich die Sabotage meines Schweigens unterbinden kann, sagt Papa noch schnell: »An der Nordseite ist die Klinik, wo Mama dich zur Welt gebracht. Warum siehst du sie dir nicht mal an?«

Auf keinen Fall. Und dann kann ich doch nicht anders, als zur Klinik zu trotten.

Auch sie erweist sich als ein von Etage zu Etage, sogar von Zimmer zu Zimmer einzelkämpferisches Gebilde. Sicher, der fünfstöckige Bau ist überall beige und ein wenig durch die oben abgerundeten Fenster homogenisiert. Um diese Fenster herum aber lagern überall verschiedene Ziegel. Mal hoch, mal quer, mal schmal, mal dick, teilweise ist der Mörtel fett dazwischengeschmiert, dann wieder ganz sparsam eingepinselt. Unter dem Dach dann ein ehrlich verwahrloster Streifen ganz ohne Ziegel, dafür mit Schaumstoff oder Glaswolle und verwaist heraushängenden Drähten. Auf dem Dach wehen die Flaggen des Bezirks, der Ukraine und der EU. Ein Wink in die erhoffte Zukunft. Ein weißer Lieferwagen rauscht heran, fährt beinahe gegen den Kastanienbaum am Eingang. Hastig springt ein älterer Herr heraus, holt ganz aufgebracht ein Knäuel rosa Luftballons von der Ladefläche und hastet atemlos zur Pforte. Beim ersten Versuch bleibt er mit den Ballons am Vordach hängen. Soll ich auch reingehen?

Erst mal eine Kiewer E-Zigarette. Ist immerhin mein Körper, mein Leben. Und gleich noch eine. Und noch eine. Und noch eine. Sie sind kaum länger als der Mittelfinger eines Säuglings, aber glühen recht ergiebig. Nach jeder braucht das Gerät drei Minuten, um sich aufzuladen. Die hyperschnelle Zukunft verlangsamt momentan zumindest das Kettenrauchen.

Im Wartesaal lauter glühende, von Glück und ehrlicher Sorge geradegestrichene Gesichter. An der Decke prangen goldene Sterne, die denen der EU zum Verwechseln ähnlich sehen sollen. Golden bestrichen sind auch die Bögen über den Türen und die Rahmen der vielen Ikonenbilder an den Wänden, sogar die Fassung des Fahrstuhls. Ein werdender Vater im blauen OP-Umhang tritt aus dem Kreißsaal und ruft: »Sie kommt gleich!« Dann eilt er wieder rein, wobei sein OP-Umhang für einen Moment wie der eines Superhelden in der Luft steht. Sie kommt dann auch, mit einem in weißes Tuch gewickelten kleinen Ukrainer. In den Händen des Vaters die Geburtsurkunde, genauso eine wie die, die ich gestern kurz tätscheln durfte, bevor sie dem Justizministerium überstellt wurde.

Zwanzig vor fünf, der Zeitreisetag dehnt sich. Eine halbe Stunde ist Oksana sicher noch auf Arbeit. Worüber sollen wir eigentlich gleich sprechen? Soll ich ein Geschenk mitbringen? Kekse, Kognak, kostbares Katzenstreu? Oder eine Art Sanduhr, nur mit geraspelter Birkenrinde darin? Bei McDonald's essen ukrainische Soldaten und eine Kindergeburtstagsgruppe. Rund um das Drive-in-Fenster tummeln sich Fahrradkuriere. Stecken die triefenden Papiertüten in ihre pinken Lieferantenquader und schießen todesmutig zwischen die Autos. Als ich ihnen hinterherblicke, fällt mir ein seltsam vertrauter Gullydeckel ins Auge. Moment mal … das ist doch der, an dem Damals-Mama mich zu grundlegender Staatsskepsis verpflichtete!

Vom soliden Erscheinungsbild her hat Vera diesem Deckel Unrecht getan. Links liegt er nahtlos ins graue Kopfsteinpflaster eingefasst, die anderen Grenzbereiche sind durch eine kleine staubige Ritze vom Boden abgetrennt. Ich würde ja mal drauftreten, um zu prüfen, wie fest er tatsächlich im Grund steckt. Aber das darf ich nicht. Bleibt also nur, andere Geher zu beobachten. Das jointrauchende Pärchen mit den glasigen Augen und gebrechlichen Körpern umkurvt ihn. Eine schwangere Frau in nagelneuen und schlecht gefälschten Tommy-Hilfiger-Schuhen tritt beinahe drauf, macht aber im letzten Moment noch einen Ausfallschritt. Wieder latscht ein Hipster frontal drauf, vielleicht, weil die sich gern mit Unrat schmücken. Alle anderen Passanten hören jedenfalls auf ihre Mütter.

Im Treppenhaus unserer Chruschtschowka stinkt es nach Urin. Heute-Urin, Damals-Urin. Die grünen Briefkästen wären immer noch kein Gegner. Nur Oksana ist hier neu für mich. Etwas über vierzig wird sie sein. Und sieht unserer damaligen Nachbarin Natasha, Rostiks Mutter, zum Verwechseln ähnlich. Vielleicht laboriere ich an einer Art Zeitenreisen-Jetlag, aber nein, sie hat auch diese großen, braunen, fröhlich wandernden Augen mit rosig runden Wangen darunter, dazu das dichte schwarze Haar. Selbst die Statur stimmt, bis hin zu den schwabbligen Oberarmen und den Händen, die Rostik und mir früher mit Zucker bestreute Schwarzbrote reichten.

Eine freundliche Frau, der ich groberweise dann doch kein Geschenk mitgebracht habe. Wenn meine Mutter das wüsste, gäbe es Ärger. Aber Oksana winkt mich auch mit leeren Händen herein. Noch etwas freundlicher, als geklärt ist, dass ich lediglich als Birkenbesucher und nicht als geschäftiger Hausherr gekommen bin. Den ich spätestens neben der winzigen Wanne in einer Nische zwischen der winzigen Küche und dem winzigen Flur nicht mehr hätte mimen können.

»Hinter diesem Duschvorhang sind viele bittere Tränen geflossen, Oksana. Ich habe es wahnsinnig gehasst, wenn meine Mutter mir den Kopf wusch.«

»Ja, ja, diese Wohnung, was hatte ich Kopfschmerzen mit ihr. Ständig Kakerlaken. Die Tapeten halten sich nie länger als ein Jahr an der Wand. Und die Nachbarn erst, fünfmal am Tag kommen hier die Milizionäre.«

Das mag ja stimmen, aber in der Küche stehen noch der alte Herd und sogar dieselben Schemel um das Tischchen, an dem sich nie mehr als zwei Personen gleichzeitig aufhalten konnten. Die Wände des Wohnzimmers sind bei Oksana lila gestrichen. Ein Sessel, eine Art Couch und der Holzwandschrank, den mein Vater geerbt hat. Den er seit fünfundzwanzig Jahren plant bald abzuholen. Alles steht auf entfärbten, wehleidig knarzenden Dielen.

In meinem Kinderzimmer nebenan liegt immer noch, jegliches Übel der Welt abdämpfend, mein alter Teppich. Grün, golden und ein wenig schwarz, ausgestattet mit allen Ornamenten, die ein Junge zum Wachsen braucht. Und ein neuer Junge, auf dem Bett, fernsehend. Na ja, Bursche eher, bisschen zu haarige Beine für einen Jungen. Ich grüße ihn dennoch lockerlässig wie einen Schüler. Ein Gespräch über die enormen Vorzüge meines Teppichs entspinnt sich nicht, da Vitalik offenbar lieber in Ruhe fernsehen will. Und so sitzen Oksana und ich uns bald mit einem Tee und Keksen im Wohnzimmer gegenüber. Sie auf der Couch, ich auf dem mit gefühlt sechs Decken belegten Sessel. Durch den weißrüschigen Vorhang strömt immer noch milchiges Tageslicht.

Aus irgendeinem Grund fällt mir Oksanas kahler rechter Fuß auf. Nicht wegen der rosa lackierten Nägel und auch nicht wegen des weißen Streifens, an den die Sonne durch die Sandalenschnalle nicht rankam. Vielleicht, weil dieser gepflegte Fuß nicht so recht mit dem harten Leben korrespondieren will, von dem Oksana als alleinerziehende Mutter in der Ukraine erzählt. Wobei ich auch keinen Schimmer habe, wie ein mit diesem Lebensweg korrespondierender Fuß aussehen sollte. Ein wenig aus Verlegenheit erzähle ich von meiner bisherigen Zeitreise, dem Basar und der Verwunderung über die hohen Preise für Katzenstreu. Auf eine Frau vom Fach treffend, handelt Oksana doch selbst auf einem anderen Markt der Stadt.

»Ja, ja, eine Katze kostet vierzig Griwna am Tag. Ich selbst habe keine. Nicht dass ich sie nicht mögen würde, ich bin nur zu beschäftigt. Hier im vierten Stock gibt es eine Frau, die jeden Abend die Katzen im Hof füttert. Hähnchen, Brei. Manchmal frage ich sie, warum sie diese Sachen nicht selbst isst. Aber dann fragt sie nur zurück, wer denn dann die Katzen versorgt. Ihr ganzes Leben hat sie den Katzen gewidmet, solche Leute gibt es. Manchmal besucht sie ihr Sohn, aber nicht wirklich oft. Ich glaube, die beiden haben kein besonders gutes Verhältnis.«

Wieder wandert mein Blick nach unten, jetzt zur abgebrochenen Bodenleiste. Als wäre dieser poplige Streifen der Beweis dafür, dass es besser ist, in einem eigenen Haus in Deutschland zu leben, wenn auch voller Katzen, als in dieser kümmerlichen Kammer in Kiew. Meine Eltern sind weit gekommen, das muss ich ihnen lassen. Aber wohin genau? Während ich über ihren Weg nachdenke, wird es kurz still, nur Vitalijs Fernsehkrimi ist zu hören.

Dieses Mal hatten wir Glück und konnten uns den Weg durch die Gangster freischießen. Aber wenn wir so weitermachen, sind wir nächste Woche tot, Charlie!

»Geht Vitalik noch zur Schule?«

»Nein, Vitalik ist schon zwanzig und mit der Schule fertig.«

Eine Pause entsteht. Die haarigen Beine, hätte ich auch mal selbst draufkommen können.

»Und was will er jetzt machen?«

»Gar nichts, fernsehen.«

Bevor die nächste unangenehme Mutterstille eintreten kann, frage ich schnell nach Oksanas Meinung zum Komikerpräsidenten.

»Ehrlich gesagt, weiß ich es gar nicht. Irgendwie glaube ich, dass es nicht schlechter werden wird. Wenigstens werden die Leute, die so lange an der Macht waren, jetzt ein wenig aufgeschreckt.«

In Oksanas Singsang schwingt diese omnipräsente Selbstverständlichkeit mit, aber die Verärgerung fehlt. Selbst über die alten Eliten spricht sie eher unaufgeregt, als ginge es darum, ein wenig Kohl auf der Datscha umzupflanzen.

»Klauen tun alle. Am schlimmsten war es unter Poroschenko (der Pralinenpräsident). Janukowitsch (der zweifach Verurteilte im Hubschrauber) hat zwar auch gestohlen und gestohlen, aber zumindest hat der auch viel gemacht. Und die Preise gingen nicht so in die Höhe.«

»Andererseits war unter Janukowitsch auch noch kein Krieg, der die Preise steigen ließ, Oksana.«

»Ja, das stimmt wohl. Viele Reiche, die sich die Flucht aus dem Donbass leisten konnten, leben jetzt in Kiew. Da sind die Wohnungen noch mal teurer geworden.«

Das haben meine Eltern bei rosa Kaufland-Rippchen in Sachsen auch registriert. Ein fader Beigeschmack. Und die nächste Stille. Nicht dass Oksana daran gelegen wäre, mir irgendwas zu unterstellen. Die wunderliche Wahrheit liegt einfach recht offen zwischen uns, während ich da sitze und zur gebrochenen Bodenleiste runterschaue. Charlie, dieser Teufel, steckt nebenan in noch ärgeren Schwierigkeiten.

Was heißt das, du hast den Geldkoffer nicht mehr, Charlie? Was meinst du damit, er ist verschwunden? Bist du ein Zauberer oder was? Du siehst mir nicht aus wie ein gottverdammter Zauberer, Charlie!

Ich wette, Charlie macht seine Stunts nicht selbst, das macht nur Jackie Chan.

»Musste Vitalik eigentlich an die Front?«

»Vitalik stand auf der Liste, ja. Aber Gott sei Dank waren wir nie zu Hause, wenn die Milizionäre klopften, um den Frontbrief zuzustellen. Wenn sie einem die Einberufung in die Hand drücken, muss man Folge leisten. Sonst leiten sie ein Gerichtsverfahren ein. Und wenn wir doch mal zu Hause waren, haben wir uns tot gestellt.«

Allzu begierig, etwas über Deutschland zu erfahren, scheint Oksana nicht zu sein.

»Ich war noch nie im Ausland. Dabei habe ich extra auch so einen hintergrenzigen Pass beantragt«, sagt sie etwas gedankenverloren. »Jetzt liegt er seit neun Jahren rum und läuft nächstes Jahr schon wieder ab. Auf die Krim bin ich früher jeden Sommer gefahren, aber die ist ja jetzt nicht mehr da. Ach, was war es schön auf der Krim. Mit offenem Meer und Bergen und Schlammbädern und Oliven. Die Ukraine ist schon ein unglückseliges Land, jetzt wird sie auch noch in ihre Einzelteile zerrissen.«

Bei diesem Thema wird Oksana geradezu klein und ängstlich. In die Rückenlehne ihrer Couch sinkend, die Hände unter der Tagesdecke versteckend, als wären sie eines Steinwurfs verdächtig.

»Nie hätte ich gedacht, dass die Ukraine und Russland mal Krieg gegeneinander führen. Aber die werden schon wissen, warum sie weitermachen. Mittlerweile beginnen die Nachrichten schon gar nicht mehr mit Berichten von der Front. Aber gestorben wird weiter. Ich habe einen Bekannten, der als Armeearzt im Donbass arbeitet. Er sagt, dass er täglich ein Dutzend toter junger Männer bergen muss.«

Spätestens jetzt hat uns die Gegenwart wie ein Grenzbeamter auf der Zeitreise angehalten. Und die Birken im Hof sind bloß noch ein paar Birken im Hof. Trotzdem setze ich mich noch kurz auf das Bänkchen zu ihnen, nachdem Oksana und ich uns verabschiedet haben. Sie sagt, ich solle mich doch melden, wenn ich noch Zeit in Kiew habe, ich sage, dass ich das tun werde, und wir beide meinen es ehrlich und zugleich auch nicht. Beim Spielplatz sitzen zum Abend hin zwei ganz in Schwarz gekleidete Frauen besten Alters. Eine hat sich auf der Schaukel eingenistet, mit einem Wasserkanister neben sich, schwingt beiläufig vor und zurück und scheint auf jemanden zu warten. Die andere hat eine Zweiliter-Plastikflasche Bier neben sich auf der Bank stehen und schaut auf ihr Handy, verfolgt gespannt, ob Charlie es jetzt lebendig aus der Nummer herausschafft oder nicht.

Charlie, wir können es auf die harte oder die weiche Tour machen, wie du willst. Ich persönlich mag dich mit Zähnen im Maul und allen Fingern an der Hand lieber.

Aber so richtig genießen kann sie den Krimi nicht, weil ihr kleiner Kläffer die ganze Zeit bellt.

»Vlad, kannst du bitte für eine Scheißsekunde dein Maul halten!«, knurrt sie ihn an.

Ja, Vlad, gib uns hier doch bitte eine einzige ruhige Birkensekunde mehr. Sei so gut.

Zwei alte Freunde am Krechatik

Während das Justizministerium den Nachweis meiner Geburt erbringt, starre ich täglich mal kürzer, mal länger auf Rostiks Nummer. Irgendwie unwirklich, dass diese banale Zahlenkombination aus dem längst verschollenen Rostik einen real treffbaren Rostislav machen könnte. Rostik ohne Milchzähne und höher als ein Meter. Was, wenn die der Erinnerung Entwachsenen sich nicht länger verstehen? Wenn Rostik nichts mehr von mir wissen will? Und durch die vielen Jahre verhärtete Vorwürfe an den grußlos nach Geldland Verschwundenen richtet? Erst als meine Zeit hier fast verstrichen ist, gebe ich mir einen Ruck. So jung kommen wir in unseren verschiedenen Staatsleben nicht mehr zusammen.

»Hi, Rostik. Hier ist Dima. Wieso haste denn fünfundzwanzig Jahre nicht angerufen? Ich bin bis Dienstag in der Stadt. Wollen wir uns treffen und so wie damals Scotch aufm Spielplatz saufen?«

Keine fünf Minuten vergehen, und Rostik antwortet!

»Privet, der war gut. Ich trinke nicht. Aber würde mit Vergnügen meinen alten Kindheitsfreund wiedersehen. Wie sieht es bei dir heute aus? Ich könnte so ab fünf. Wollen wir uns am Krechatik treffen?«

»Klasse! Rostik, ich warne dich allerdings, ich verstehe einen Scheiß auf Ukrainisch. Mama und Papa haben in Deutschland nur Russisch mit mir gesprochen. Ich fürchte, du wirst dich anpassen müssen.«

»Russisch ist kein Problem. Hauptsache, wir sehen uns.«

Kinderspiel! Kurz gebe ich mich der verwegenen Fantasie hin, ein abgeklärter Kiewer zu sein. Der abends eben mit einem alten Freund in der Stadt verabredet ist.

Der frühe Morgen ist warm und hellauf von sich selbst begeistert, warum also nicht ein wenig flanieren?

Autos und Menschen brausen dicht gedrängt durch Kiews eigentlich großspurige Straßen, Händler bauen ihre Stände auf, vor dem Gelände der Stadtwerke protestieren Arbeiter mit orangen Helmen in der Hand. Die Milizionäre ringsherum winken Passanten so abwesend weiter, als würden sie sich dadurch selbst von Dienst und Kundgebung fortwinken. In den Urlaub vielleicht. Neben einem der unzähligen Kioske parkt ein Taxi mit abgeschaltetem Dachschild. Aus seinem Radio tönt eine Sendung mit dem Titel »Guten Morgen, Ukraina«. Die beiden Moderatorinnen erläutern frohstimmig, wie man Anträge in Bezirksverwaltungen stellen kann, ohne selbst in deren Zuständigkeitsbereich gemeldet zu sein. Der im Vordersitz schnarchende Fahrer saugt diese Informationen mit offenem Mund auf, Sabber tropft auf den Schaltknauf. Soll ich meinen Eltern heute ihr Salo kaufen? Mag ja sein, dass ich sie seit anderthalb Jahren meide, aber deswegen keinen Speck mitbringen? Das wäre hartherzig. Mein schweifender Blick bleibt an einem seltsam vertrauten Gebäude hängen. Großes rundes schwarzes Dach, Kuppel und Spitze, die aussieht wie ein Mäuschenauge. ZIRK. Der Zirkus!

Durch das düstere, klirrend kalte Winterkiew voll eisiger Wintermenschen gelangen wir zum Zirkus mit dem Mäuschenauge: Mama, Tonja und ich. Schon von draußen hören wir die fröhliche Musik, dann öffnen sich die großen Türen: In der Manege ist alles warm, rot, röter, bunt, posaunend, lustig, hoppelnd, toll. Tiger, Bären, Papageien, Konfetti, Glitzerkostüme, die tollpatschigen Clowns, die echt nichts hinkriegen. Ist doch klar, dass du hinfällst, wenn du da langläufst! Dann noch in so großen Schuhen!

Die Akrobatinnen sind toll. Sie haben vor gar nichts Angst. Ich bringe einer der todesmutigen Flugfrauen nach ihrem Gang über das Drahtseil Rosen. Und weine bitterlich, als sie mich mit ihrem riesigen roten Mädchenmund auf die Wange küsst. Und Tonja, die von den Rängen aus zusieht, lacht aus vollem Herzen, den Ernst der Lage verkennend. Eine tolle Zeit hat sie, den Scheitel mit dem aschblonden Haar leicht links aus der Stirn gebürstet, überhaupt ihren Kopf etwas schräg haltend. Einen violetten Strickpulli um die durchhängenden Schultern, heute aber ohne Rollstuhl. Irgendwie krumm klatscht Tonja zum Takt des Zirkusorchesters, das fällt mir auf. Aber wen kümmern schon gerade Hände, sie klatscht und ist bester Dinge. Sie kann schon etwas besser zählen und schreiben als ich, aber ihr kleiner Bruder holt schnell auf. Vor Kurzem hat sich Tonja vor mir den Pullover ausgezogen, und ich habe gesehen, dass sie schon Brüste bekommt, wie eine richtige Lippenstiftfrau. Ob sie sich bald ihren ersten Freund suchen wird? Auch Mama klatscht, auch sie lächelt – was soll uns im Zirkus schon Schlimmes zustoßen?

Kleiner Bruder, Damals-Dima. Heute weiß ich nie, was ich zu Tonja sagen soll. Wovon ich ihr auch erzählen würde, es wären Erzählungen aus einem Leben, das ihr fehlt. Was kümmern Tonja Apostillen, Staatsbürgerschaften, der Krieg um die Krim, was kümmern sie Katzen, wenn sie doch gefangen in ihrem krampfenden Körper ist?

Manchmal versuche ich, meine Probleme ins Verhältnis zum Zustand meiner Schwester zu setzen. Zu spüren, wie bedeutungslos meine Beschwerlichkeiten im Vergleich zu ihren sind. Aber natürlich ist das ein verirrter Leidabgleich.

Allein stehe ich vor den von Kaugummiflecken überzogenen Zirkusstufen. Die Farbe der großen Lettern über der Fassade ist aufgeplatzt, Verwitterungsgrau kommt zum Vorschein – die gleichen sowjetischen Stillstandssteine wie überall hier. Selbst der Obelisk des Sieges im Zweiten Weltkrieg auf der anderen Straßenseite ist aus ihnen gebaut. Was ist das für eine Welt, in der Kriegsmahnmal und Zirkus aus demselben Stoff gemacht sind? Hat Damals-Mama auch über so etwas nachgedacht? Der Stillstand wird ihr bewusst gewesen sein – betraf er doch auch die Krankenhäuser und neurologischen Praxen, von denen sie sich Hilfe für Tonja erhoffte.

Die Vormittagssonne brennt mir im Nacken. Otez, der von sich behauptet, früher ein strammer Schwimmer gewesen zu sein, schwärmte oft vom Hydropark, dem Kiewer Strand. Ich schaue noch schnell nach, ob der Zirkus bald Vorstellungen gibt, leider nicht, und breche auf. Renne aus der Dunkelkammer in meinem Kopf, schließe die Tür hinter mir, lasse Tonja zurück.

Auf den Strandliegen tummeln sich um diese Zeit vor allem braun gebrannte Pensionäre, die mit rundem Bauch über spärliche Renten klagen. Und hagere, hochzufrieden singende Säufer, denen die Knochen aus den Seiten stechen. Das Wasser mutet nicht sonderlich maledivisch an. Dunkel und lustlos wogt der Dnjepr, entlang der Ufer zieht sich ein seltsam giftgrüner Saum. Es ist noch nicht Mittag und schon über dreißig Grad.

Nach dem Baden bekomme ich sofort ein Stechen im Ohr und ganz schwere Glieder. Schleppe mich irgendwie zum Hotel und weiter zum Basar. Wo ich viel zu teuren Würzspeck für die Eltern kaufe, mit denen ich nicht spreche. Immer flattriger, fast fiebrig. Soll ich Rostik doch lieber ein andermal treffen? Aber wann? In fünfundzwanzig Jahren? Nein.

Wir sind vor der Metrostation am geschäftig glanzvollen Krechatik verabredet. Hier wirkt die Ukraine unbeschwert, hier kauft sie sich edlen Espresso, Parfüm, Großfernseher und Autos aus Deutschland. Der bebende Boulevard ist so breit und bourgeois, die Architektur so himmelfordernd, dass sie die freundlichsten Götter anstoßen könnte. Wie Torten türmen sich die stattlichen Bauten, sowjetischer Stillstandsstein, aber prachtvoll und feierlich. Sollte das wirklich stalinistischer Realismus sein, dann hatte Stalin wohl einen träumerischen Ausfall. Ob Rostik sich bewusst in der stolzesten Sektion der Stadt treffen will? Um mir etwas zu beweisen? Wie sieht er überhaupt aus, woran soll ich ihn erkennen? Ist er vielleicht dieser auf seinem Telefon herumtippende Typ dort links, mit den fetten Kopfhörern und der prolligen Uhr? Das fände ich jetzt doof, wenn Rostik ein Proll wäre. Oder der geschniegelte Anzugträger bei der Fontäne? Möglich. Der lange Schlacks da hinten mit dem Kinderwagen kann es nicht sein. Oder doch? Jemand kommt direkt auf mich zu. Die Sonne blendet, sodass ich nur die Umrisse eines korpulenten, etwas untersetzten, glatzköpfigen Mannes und das Funkeln seines Goldkettchens erkennen kann.

»Wow, du bist echt eine Kopie deiner Mutter«, sagt Rostik, nach all den Jahren nun im Schattensichtvorteil. Den zögerlichen Handschlag brechen wir auf halber Strecke ab und umarmen uns.

»Wie du siehst, bin ich eher in Richtung meines Vaters ausgefallen.«

Mein alter Freund klopft demonstrativ auf seinen Kugelbauch. Früher war Rostik so dünn wie ein Stöckchen. Ein Stöckchen ohne Vollbart. Seine Augen aber sind noch dieselben, mit ihnen wird der erste Eindruck zum Erkennen.

Wir beginnen ein wenig zusammen herumzuirren. Auf dem Krechatik, mehr noch im Leben des anderen.

Verheiratet ist Rostik. War er früher auf dem Spielplatz nicht!

»Wie heißt denn die Glückliche?«

»Ljudmila.«

Noch keine Kinder. Aber zwei Kater. Vom Rufe Katzastans hat Rostik schon gehört, er ist auf Facebook mit Heute-Mutter befreundet. So kam sie an die Nummer.

»Ich habe sie zuerst gar nicht erkannt, weil sie eine Katze als Profilbild hat. Und sie mich auch nicht, aus dem gleichen Grund.«

»Ernsthaft?«

»Wie viele Katzen hat deine Mutter?«

»Ich schätze, dreizehn.«

»Du schätzt?«, fragt er belustigt.

»Du weißt ja, wie unzuverlässig Volkszählungen sind.«

»Wenn ich ein Haus hätte, ich würde mir auch so viele zulegen.«

Frau Kunze, ich habe die Lage falsch beurteilt. Bitte entsenden Sie den Ausländicopter und holen mich hier raus! Frau Kunze! Ich bin in die Falle eines katzachischen Auslandsagenten getappt.

»Na, ich mach nur Spaß, ist natürlich krass, dreizehn Katzen. Wie geschlagen du gleich guckst! Lass uns lieber von was anderem reden.«

»Danke. Schön, dass du Zeit gefunden hast, Rostik.«

»Für dich immer. Aber sag mal, fühlst du dich okay? Du siehst gar nicht gut aus.«

Beinahe setzen wir uns in ein posh anmutendes Restaurant namens Rucola. Vor dem Eingang sind ein paar Hunderttausend Dollar geparkt. Hoffentlich will Rostik den deutschen

Gast jetzt nicht mit örtlichem Schickimicki beeindrucken und zu etwas über seinen Verhältnissen einladen. Oder ist es auslandsarrogant von mir, überhaupt so zu denken?

»Rostik, hör mal, ich brauch gar nichts Ausgefallenes. Lass uns doch einfach ein Becherchen Kwas bei irgendeiner Babuschka an der Ecke kaufen.«

Außer uns gesprochen: Kwas ist ein in Osteuropa beliebtes Erfrischungsgetränk aus Hefe. Den leckersten verkaufen in der Regel zahnlose Babuschkas in Blumenschürze, direkt vom Fass.

»Wie du meinst. Aber ich bin mir gar nicht sicher, ob hier überhaupt noch solche Straßenverkäufer rumstehen.«

Mir fällt auf, dass Rostik sämtlichen Kanalisationsdeckeln ausweicht. Ich glaube, irgendwo hier sollten wir vor Ewigkeiten mal mit einem kleinen Äffchen fotografiert werden. Wer etwas auf sich hielt in Kiew, ließ die Familienfotos am Krechatik knipsen. Das Äffchen ist dann leider ausgerastet und sprang Damals-Mama auf den Kopf, sodass aus der Aufnahme nichts wurde. Ob Rostik sich noch daran erinnert? Anstatt ihn danach zu fragen, erkundige ich mich nach seiner Arbeit.

Bei einer Bank hat Rostik bis vor wenigen Jahren gearbeitet. »Ich habe mich um Kunden und Kreditkarten gekümmert. Aber dann ist die Bank pleitegegangen, weil die Betreiber die ganze Kohle geklaut und sich abgesetzt haben.«

»Was war das denn für eine Bank?«

»Eine ganz linke, ukrainische eben. Manchmal haben sie mir morgens eine Tasche mit drei Millionen Griwna oder so auf den Tisch gestellt, die sollte ich dann schnell registrieren.«

»Und dann?«

»Einmal, als richtig viel Geld verschwand, haben sie einen Schuldigen gebraucht und wollten es mir in die Schuhe schieben.«

»Wie bist du denn überhaupt da reingeraten?«

»Purer Zufall. Ich hatte vorher in einer anderen Bank gearbeitet. Dann traf ich in der Tramwaj (Straßenbahn) einen Bekannten, und der hat mir erzählt, dass sie jemanden suchen.«

Seit einer Dreiviertelstunde schlendern wir Kiews Konsummeile entlang, haben aber noch nicht mal einen Kaffee gekauft. Das ist schön. Zwei herrlich kennenlernkonfuse Kindheitsfreunde. Ohne Befremdung, ohne Misstrauen, ohne selbstbeweihräuchernde Beweisführungen oder verräterische Stille. Nur ärgerlich, dass so gar kein Kwas-Stand auftauchen will.

»Nach der Bankgeschichte brauchte ich etwas Zeit, ich hab ein Jahr lang meine Wohnung renoviert und mir nebenbei das Programmieren beigebracht. Jetzt arbeite ich für ein deutsches Unternehmen. Die müssen uns hier nur ein Viertel der deutschen Gehälter zahlen, und viel schlechter erledigen wir den Job auch nicht.«

»Wow, du hast dir selbst Programmieren beigebracht?«, frage ich ehrlich beeindruckt, als wir zum wahrscheinlich fünften Mal völlig grundlos die Straßenseite wechseln.

»Ach, Programmieren ist eine Frage der Beharrlichkeit. Sogar ein Affe könnte das erlernen.«

»Meinst du, der Affe, der ausgetickt ist, als wir mit ihm fotografiert werden sollten, konnte programmieren?«

»Der ist wahrscheinlich der Steve Jobs unter Kiews Pavianen.«

Rostik erinnert sich, cooler Typ.

Seine Frau ruft an, das platzhaltende Bild einer Katze erscheint auf dem Display. Der Klingelton ist eine Art Schnurren, mit Techno untermalt. Er bemerkt, dass ich das bemerkt habe.

»Wenn Ljudmila nicht dagegen wäre, ich würde mir eine dritte Katze aus dem Tierheim holen. Sie tun mir so leid«, sagt er, als er aufgelegt hat.

Okay, wir alle leben in einer Welt, in der wir es nicht schaffen, Katzen zu widerstehen. Und doch dürfen wir als Zivilisation nicht komplett vor ihnen kapitulieren. Ich mühe mich, Rostik über die rauen gesellschaftlichen Realitäten in Katzastan aufzuklären, als Lehrmaßnahme. Dabei drifte ich in eine zwanzigminütige Tirade ab, bis mein Ohr sticht, als wäre eine Kralle reingefahren.

»Entschuldige, dass ich dich so damit vollquatsche, Rostik.«

»Sprich nur, alter Junge, ich merke ja, dass es dir auf der Seele brennt.«

»Weißt du, da draußen sind Familien, die zerbrechen an Krieg und Elend. Ertrinken auf der Flucht im Meer, werden kaltherzig an Grenzen auseinandergerissen. Und meine Familie scheidet sich am Katzenstreu. Was für eine beschissene Art von Familienzerwürfnis soll das bitte sein?«

»Na ja, deine Mutter leidet sicherlich an einer Art Depression. Wie geht es eigentlich Tonja?«

»Das ist zu bedrückend, als dass ich dir das mit Worten vermitteln könnte.«

Wir schweigen kurz und sind dankbar für den hektischen Straßenübergang voll dröhnender Autos. Stehen immer noch ziellos und ohne etwas konsumiert zu haben.

»Dima, ich glaube, mit dem Kwas haben wir hier kein Glück. Diese Riesenfässer wurden neulich auch verboten, glaube ich.«

»Wieso das denn? Das waren die leckersten!«

»Na ja, wegen der chemischen Prozesse in den Dingern. Weil es in ihnen gärt und sich lauter Bakterien bilden, die Fässer aber fast nie gereinigt werden. Du kennst doch die Legenden. Immer wenn eine Babuschka stirbt, wird sie selbst ins Fass gelegt und zu Kwas.«

»Ach, deshalb die Note Fuß.«

»Im Ernst, jedes Mal wenn du dir so einen Becher bestellst, trinkst du den ganzen Dreck mit. Ist schon gut, dass das mal gesetzlich geregelt wurde. Du weißt ja sicher, dass bei uns ein Komiker für die Wende sorgen soll? Interessiert das die Leute in Deutschland eigentlich?«

»Ich würde sagen, schon. Es gab auch eine Menge Anerkennung dafür, dass hier freie Wahlen abgehalten wurden.«

Na ja, eigentlich wurde das nur ein paarmal am Rande gelobt, in besonders versierten Zeitungskommentaren. An deutschen Imbissbuden, Haltestellen und Theaterkassen höre ich eigentlich nie Debatten zur Ukraine. Aber jetzt habe ich es Rostik nun mal so verkauft.

»Die Wahlen waren doch frei, oder, Rostik?«

»Ja, die Wahlen in der Ukraine waren frei.«

»Glaubst du denn, dass es unter dem Komiker nicht mehr so korrupt sein wird?«

»Klauen tun hier alle, das ist Grundvoraussetzung. Wichtig ist, dass das geklaute Kapital wenigstens wieder in der Ukraine angelegt wird. Verstehst du?«

Früher, auf dem Spielplatz, war Rostik nicht so politpragmatisch.

»Was soll ich dir sagen, ein wenig Hoffnung habe ich«, sagt er. »Die Chance, etwas zu verändern, ist da.«

Ich will auch ein starkes Signal setzen, in die Ukraine investieren und uns endlich etwas auf dem Krechatik kaufen. Wenn nicht Kwas von der Babuschka an der Ecke, dann eben Erdbeeren von der Babuschka an der Ecke.

»Die wirst du aber alleine essen müssen, Dima.«

»Wieso? Magst du keine Erdbeeren?«

»Doch, ich mag Erdbeeren. Wenn meine Frau sie einkauft und klar ist, wo sie geerntet wurden. Die hier können auch irgendwo bei Tschernobyl eingesammelt worden sein. Jetzt schmecken sie super, aber später …«

Auch ohne Tscherdbeeren fühle ich mich schon rattig. Vielleicht wird Rauchen meine Gesundheit verbessern, ja, bestimmt. Rostik mustert meine E-Zigarette neugierig.

»Kannst du dich noch erinnern, wie wir Kippenstummel am Klettergerüst gesammelt haben und du an einem gezogen hast, um mir zu demonstrieren, wie das funktioniert?«

»Klar. Das hat jemand gepetzt, und dann hieß es, Dima raucht. Ich habe von meiner Mutter dafür die Du-musst-als-erwachsener-Mensch-selbst-entscheiden-was-du-tust-Rede bekommen. Da war ich fünf oder so.«

»Ha! Die habe ich auch immer gekriegt!«

»Ach ja? Deine Mutter hat mir nie solche Reden gehalten. Sie hat uns immer nur mit Zucker bestreutes Schwarzbrot gebracht.«

»Zu mir war deine Mutter auch die beste. Du hast eine tolle Mutter. Ja, ich weiß, das Katzenhaus. Aber was sollen wir denn mit ihnen machen, mit den Eltern? Geändert kriegst du sie nicht mehr. Und mit ihrer Gesundheit wird es auch nicht auf ewig gut stehen. Ich muss mit meinen jetzt schon ständig zum Kniespritzen ins Krankenhaus.«

Mein alter Freund manövriert uns in eine Kneipe, damit wir uns nach zwei Stunden Erinnerungscocktail in die Gegenwart zurücktrinken. Die Kneipe heißt »Natyrlich«.

»Der Name sagt dir doch etwas, oder?«

»Natürlich sagt mir das etwas.«

»Von der Idee her bist du jetzt Deutscher, richtig? So wie du das Leben betrachtest, meine ich.«

Rostik sagt das ganz neutral, dennoch winde ich mich und versuche, ihm den Unterschied von Zugehörigkeit und Verbundenheit begreifbar zu machen. Es gelingt mir so mittelmäßig. Natürlich hat er recht, was nicht heißt, dass es die ganze Wahrheit ist. Und rein formal liegt er völlig daneben. Aber mit Frau Kunze, Apostillen, Steuerbescheiden, vier verschiedenen Zusatzversicherungen und handgeschriebenen Lebensläufen will ich unsere Zeit nicht vergeuden. Später werde ich mir wünschen, ich hätte Rostik die Gegenfrage gestellt: ob er glaubt, dass er mit einem ausschließlich deutschen Menschen nach fünfundzwanzig Jahren so unmittelbar hätte sprechen, erinnern und fühlen können.

Im Natyrlich gibt es jedenfalls auch keinen Kwas. Ein koffeinfreier Kaffee für Rostik und ein Früchtekompott für mich. Ich brauche Zucker, schmiere ab. Kalter Schweiß auf der Stirn, und mein Ohr krampft kläglich, wenn ich den Mund zu weit öffne.

»Alter, tut mir leid, dass ich so gar nicht in Form bin.«

»Ja, du bist echt grün wie ein Dollar. Was hast du denn nur gemacht heute?«

»Nichts eigentlich, bin morgens kurz in den Dnjepr getaucht.«

»Du bist was?«

»Na ja. Es war heiß, ich hatte nix zu tun.«

»In den Dnjepr? Du bist wohl verrückt! Da kannst du auch gleich im Ganges schwimmen! Die ganze Industrie kippt in den Dnjepr, was sie will!«

»Man kann da also gar nicht schwimmen?«

»Ich kann da schwimmen.«

Nur ein paar Sekunden Pause, doch sie haben das Gewicht eines Vierteljahrhunderts.

»Ich kann da schwimmen, als jemand, der sich ein Leben lang gegen die Bakterien abgehärtet hat.«

Früher, auf dem Spielplatz, war Rostik noch nicht so viel bakterienbulliger als ich.

Mein alter Freund möchte weiterhin nichts trinken, aber mir soll er wenigstens beim Medizinwodka zusehen. Und einfach noch nicht gehen. Er macht schönerweise auch keine Anzeichen, es unendlich eilig zu haben. Also schlendern wir den Tolstoj-Platz hinab, die spätabendliche Sommerluft ist ein Gedicht, und ich spüre, dass ich gern viel mehr solcher Abende in meiner Geburtsstadt erlebt hätte. »Warum bist du eigentlich nicht schon viel früher gekommen, Dim?«

»Ich habe irgendwie immer eine Heidenangst vor Kiew.«

»Aber warum? Es ist doch nur eine Stadt.«

»Ich weiß, es ergibt keinen Sinn. Ich bin schon in alle möglichen Ecken der Welt geklettert, aber Kiew, das haben meine Eltern mir irgendwie verdorben.«

Rostik scheint verwirrt. Zum Glück fällt mir ein praktisches Beispiel ein.

»Nehmen wir mal die Kiewer Torte.«

»Was ist damit? Mögen deine Eltern die nicht?«

»Doch, doch, aber ich durfte sie nie so richtig mögen. Manchmal brachten uns ukrainische Bekannte eine Kiewer Torte nach Leipzig mit. Und ich sollte kosten. Sagte ich, dass sie mir nicht schmeckt, kriegte ich deutsche Geschmacklosigkeit attestiert. War ich voll des Lobes für die Kiewer Torte, stellte Mutter klar, dass die Torten heutzutage nur noch ein Schatten der sowjetischen Traumtorten seien und dass ich keine Ahnung habe. Beging ich einen russischen Sprachfehler bei meiner Kuchenkritik, lachten Vera und Leonid mich aus. So ungefähr bekam ich meinen Kiew-Komplex.«

»Es ist die Stadt, in der du geboren worden bist, das kann dir keiner nehmen. Diese Wurzel kannst du nicht abschneiden.«

»Ich wollte sie ja auch nie abschneiden, im Gegenteil, ich habe immer befürchtet, dass sie zu kurz und karg ist.«

Als die Sonne fast untergegangen ist, sind wir beim Palast der Ukraine angekommen. Ein brüchig blecherner sowjetischer Modernbau, unverhohlen verlacht von den schönen Bauten vergangener Jahrhunderte ringsherum. Einer von ihnen ist Proskofja Mechalownas Damals-Haus.

»Und du, Rostik?«

»Was, und ich?«

»Na ja, aus den ukrainischen Kwasfässern magst du lieber nicht trinken, die ukrainischen Erdbeeren ums Verrecken nicht essen und selbst dem neuen Hoffnungspräsidenten misstraust du.«

»Ja, und?«

»Hast du jemals überlegt, aus der Ukraine wegzugehen?«

»Nein.«

Kurz und fest.

»Die Ukraine ist meine Heimat. Vielleicht würde ich mal für ein, zwei Jahre woanders leben, in Kanada oder Dänemark. Um zu sehen, wie man das macht, Demokratie. Aber umsetzen will ich sie dann hier.«

Zufällig sind wir genau zu der Jazzkneipe geschlendert, in die ich an einem meiner ersten Abende in Kiew nicht hereingelassen wurde. Aber nun habe ich einen ganzen Beutel erlauchtesten Würzspecks dabei. Der Dame mit den tätowierten Händen am Einlass bleibt also gar nichts anderes übrig, als uns hereinzubitten, wenn sie nicht als Landesverräterin dastehen will. Rostik meint, dass er sich auch tätowieren lassen will. Als Belohnung.

»Als Belohnung wofür?«

»Dass ich abnehme. Seit ich programmiere, ernähre ich mich nur von Kaffee und Keksen und habe zwölf Kilo zugenommen.«

»Mies.«

»Sind Tattoos in Deutschland beliebt? Hast du eines?«

»Tattoos sind sehr beliebt in Deutschland. Aber ich habe keines.«

»Wegen der jüdischen Sache? Ist doch verboten bei euch.«

Interessant, dass er sich an dieses Detail erinnert. Ob er es auch früher, auf dem Spielplatz, bedacht hat?

»Rostik, ich habe zwei Kilo Schweinespeck im Beutel. Glaubst du, ich würde mich wegen eines Rabbis nicht tätowieren lassen? Das ist einfach nichts für mich. Aber Diät muss ich auch halten, wenn ich wieder in Deutschland bin. Diese ganzen Kiewer Torten hier sind mein fettes Ende!«

»Ach was, du bist schlank wie deine Mutter.«

Heute-Mutter, Damals-Mama, Vera. Sie war es, die mir Rostiks Nummer geschickt hat, sie hat dieses Treffen ermöglicht. Auch indirekt, indem sie mich zur Welt brachte.

Rostik und ich hecken eine Idee aus. Stecken mir einen Stummel in den Mund, schießen gemeinsam ein Selfie und schreiben dazu: Dima, hör auf mit dem Rauchen! Dann senden wir es unseren Müttern. Kichern wie zwei Strolche, die einen Streich gespielt haben. Übrigens denken meine Eltern, dass ich nicht rauche. Ich verheimliche es ihnen. Jemand hat mir mal erzählt, dass es etwas sehr Osteuropäisches sei, als Erwachsener den Eltern zu verheimlichen, dass man raucht. Zudem habe ich meine Mutter mein Leben lang gebeten, weniger zu qualmen. Wie stehe ich denn da, wenn ich mich jetzt auf ihre Schneller-sterben-Seite schlage?

Zwei alte Freunde verabschieden sich. Einander zum guten Schluss das Versprechen abnehmend, nicht erst wieder in fünfundzwanzig Jahren gemeinsam zum Spielen rauszugehen.

Der König von Kiew stürzt auf den Schemel

Nachdem Rostik heimgegangen ist, treibt es mich noch ewig durch die Stadt. Bis die Barkeeper ihr Feierabendkoks ziehen, die letzten Neuromanzen Betten suchen für ein erstes Mal und schweräugige Taxifahrer neben Kiosken auf dem Trottoir parken, ihr Dachschildchen ausgeschaltet. Gegenwartsgierig, als wollte ich Hunderte Kiewer Sommernächte mit einem einzigen Streifzug in mich aufnehmen. Irgendwann sitze ich wieder am Ganges-Dnjepr, an einem neuen Morgen, so besoffen und doch so nüchtern, wie man nur sein kann. Und beschließe, zum Foto mit Rostik an Damals-Mama dazuzuschreiben: »Mit Rostik war es sehr dushewno. Danke, dass du ihn ausfindig gemacht hast, Mama.«

Außer uns gesprochen, über das ganz Innere: Die direkte Übersetzung von *dushewno* wäre *seelisch, sehr seelenhaft*. Aber *herzlich* klingt dem Deutschen näher.

Das grelle Morgenlicht sticht in den Augen, das Blau des Himmels ist nicht echt. Faktisch ist er von Formalienfronten bedeckt. Heute Abend geht mein Heimflug nach Leipzig, bis dahin brauche ich die Apostille, die international gültige Garantie meiner Geburt. Frau Kunze wartet, sicher starr vor Sehnsucht. Der Speck in meinem Beutel riecht ein wenig gammlig.

Ich hole mein Telefon erneut raus und rufe beim SAGS an.

»Dobre §§&%§%§$&§.«

Mein Katerhirn hat noch mehr Probleme mit dem slawischen Mandarin als das Klarhirn.

»Was meinen Sie bitte? Ich habe das nicht verstanden.«

»§$§%&§%«$§$&&%$§%«$?«

»Könnten Sie bitte Russisch reden?«

Hoffentlich legt sie jetzt nicht auf. Herzrasen. Wegen einer dummen Apostille. Wie sie einem den bürokratischen Buckel ins Herz biegen.

»Von welcher Behörde erwarten Sie Papiere?«

»Eine Apostille vom Justizministerium benötige ich.«

Klack, klack, klack.

»Ja, sie ist da.«

»Das heißt, ich kann alles einfach abholen?«

»Ja.«

»Mit Geburtsurkunde?«

»Ja.«

»Mit Salo?«

»Wie bitte?«

Restalkohol.

»Nichts, nichts. Ich danke Ihnen.«

Hin. Hinein. Dieselbe Sachbearbeiterin wie beim ersten Mal, heute in einem zitronengelben Kleid, ebenfalls mit Rüschen. Ich begutachte sie kurz etwas unsachlich darin, sie registriert das und administriert ein Augenzwinkern. Die zweite Beamtin kichert und sieht immer noch wie eine Schülerin aus, die ihre Hausaufgaben hier erledigt. Die dritte Kollegin ist heute eine alte, abgeschlaffte Frau. Ohne den Kopf vom Blatt zu heben, berichtet sie ausgiebig, wie sie sich Milch für den Mittagskaffee gekauft hat. Statt Mariah Carey läuft heute Phil Collins.

I can feel it coming in the air tonight, oh Lord.

Und ich rieche nach der letzten Nacht.

Mit einer kleinen Nadel durchsticht die körperbetonte Bürokratin meine ersehnten Dokumente. Ich nehme an, um sie abheftbar zu machen. Aber dafür sind die Löcher doch viel zu klein. Sie holt einen beigefarbenen Knäuel unter dem Tisch hervor, fädelt einen Faden durchs Nadelöhr und führt ihn durch die Löcher. Näht sie etwa? Tatsächlich, sie vernäht meine Geburtsurkunde mit der Apostille. Fast mütterlich mutet das an. Das ist der korrumpierte Staat, der seine Bürger so hemmungslos betrügt? Würde Frau Kunze sich die Zeit nehmen, meine Einkommensnachweise per Bindfaden zu vermählen?

In eine mit folkloristischem Blumenmuster verzierten Folie gebettet, senkt sich die Formalie sanft vom Himmel in meine Hände herab. Es ist vollbracht!

»Danke, meine Damen! Auf Wiedersehen!«

Oder eben nicht.

Ich blicke ein letztes Mal durch den Gang. Sehe eine schwangere Frau mit ihrem schulreifen Sohn an der Hand. Sie flüstert behördenblass: »Nicht dass sie wieder sagen, wir hätten die Ankette nicht vollständig ausgefüllt. Dann müssen wir noch mal zum anderen Ministerium rennen. Gott-oh-Gott-oh-Gott.« Neben ihr eine Pensionärin mit zerfurchtem Gesicht und Augen, die weder etwas mit dem Gesicht noch mit dem Raum, in dem sie sich aufhält, zu tun haben wollen. Eine Frau mit kleinen, gelben Zähnen steht allein vor Kabinett 5, den Scheidungen. Meine vernähte Nation, löchern und zerstochen sieht sie in diesem Moment aus. Aber ich halte meine dritte Geburtsurkundenbestätigung in den Händen, bin sozusagen ENT-BUN-DEN! Entbunden von der Ukraine. Entbunden von der Vergangenheit. Jeder Staat hat seine Grenzen. Die kommen schon klar ohne mich.

Und vor dem SAGS sieht alles auch schon nicht mehr so trostlos aus. Dort heiraten wieder die Schönen, die Künftigen. Ich klatsche und pfeife für das junge Glück, gönnerhaft davonstolzierend, in diesem Augenblick der König von Kiew.

Eine Frau im Café sieht mein Sammlerstück und möchte ehrfürchtig erfahren: »Ist die Schlange im SAGS denn lang?«

»Die Schlange ist lang, ja. Aber ich musste nur kurz etwas abholen und bin einfach reingegangen.«

Einfach reingegangen ist er, krasser Macker. An der Ampel die nächste Hilfsbedürftige: »Verzeihen Sie, ich habe Ihre Dokumente bemerkt.«

»Jaaa?« – ein langgezogenes, aufforderndes Hybris-Ja.

»Wissen Sie zufällig, wann Mittagspause im SAGS ist?«

»Bis vierzehn Uhr, also jetzt gerade.«

»Danke Ihnen vielmals.«

»Aber ich bitte Sie, nicht dafür.«

Wieder ein armes Lamm gerettet. Stand jemals mehr geballtes Herrschaftswissen an einer Ampel in Kiew? Wie ein Goldfisch im Süßwasser gleite ich durch die Gegend. Ein etwas verkaterter Fisch vielleicht.

»Ein Päckchen Aspirin bitte, gute Frau!«

Die Apothekerin händigt ein ukrainisches Substitut von Aspirin aus. Ob Rostik ukrainisches Aspirin absegnen würde? Wahrscheinlich nicht. Ach Rostik, was war das schön, dich wiederzusehen. Endlich den kleinen Kinderseelengraben zu ebnen. Wer weiß, vielleicht kann ich ihn mal zu einem Besuch nach Deutschland locken?

Meine Arbeit hier ist jedenfalls getan. Die Geister der Vergangenheit gebändigt, die Verträge gemacht, die Klinken gesägt, die Kräne geölt, die Kastanien lackiert, die Vögel erzogen. Mein Gott, bald ist dieser Golownjak wirklich geschafft. Sogar mit Heute-Mutter würde ich zur Feier des Tages wieder reden. Sind doch am Ende nur Katzen. Ob sie schon das Foto mit Rostik gesehen hat? Boardingpass als PDF runtergeladen, check. Uber zum Flughafen rufen, oder lässt sich der König noch irgendwo Kiewer Torte kredenzen?

In diesem Moment klingelt das Telefon, Vater. Könnte eigentlich auch bis heute Abend in Deutschland warten, aber gut. Der König ist willens zu kommunizieren. Und gestattet sich im Überschwang staatstragender Gefühle sogar ein Späßchen, das wir früher gemeinsam machten. Das Wort Vater mit besonders russischem Akzent auszusprechen, *Vatrrr*. Dass es in Deutschland einen *Vatrrrtag* gab, wie wir bald lernten, machte alles noch lustiger.

»Guten Tag, Vatrrrr.«

Doch der ignoriert die alte Albernheitsavance und sagt mit kraftlos klingender, bitter belegter Stimme: »Dima, wie lange bist du noch in Kiew?«

»Um sechs fliege ich wieder aus der grässlich geliebten Heimat. Falls ich vorher nicht noch Präsident werde im Vatrrland.«

»Aha, okay. Aha. Na gut.«

»Wieso?«

»Na ja, es ist eine komische Sache.«

»Was denn für eine komische Sache?«

»Ich verstehe es selbst nicht, aber ich habe meine Zähne verloren. Keine Ahnung, wo ich sie gelassen habe. Jetzt muss ich in die Ukraine und mir neue machen lassen.«

Das ist wirklich eine komische Sache. Halluziniere ich womöglich von dem ukrainischen Aspirin? Vati-Shabbati, mit dem ich nun fast ein halbes Jahr lang nicht sprechen wollte, hat schon lange seinen Biss verloren. Immer wenn es an der Zeit war, Zähne zu zeigen, machte er nur ein albernes Gesicht. Doch dass er sein Gebiss nun ganz verlegt hat, klingt doch merkwürdig.

»Ich komme in die Ukraine und lass mir Zähne machen. Und dann gehe ich gleich zu ein paar Untersuchungen. Ich weiß nicht.«

»Was denn für Untersuchungen?«

»Dieser Gehirnapparat, TRM, und zum Kardiologen.«

»MRT meinst du. Warum machst du die denn nicht in Deutschland?«

»In der Ukraine ist das alles günstiger, hat Vera gesagt, und ich habe keine Krankenversicherung mehr.«

»Was? Wieso das denn nicht?«

»Ich habe ein paarmal nicht gezahlt.«

»Wie, nicht gezahlt?«

»Na ja, ich sitze manchmal da und weiß gar nicht, was ich machen soll. Weiß nicht, was vor sich geht. Ein paar Briefe habe ich auch nicht mehr geöffnet. Vera sagt, ich soll mich zusammennehmen, aber ich kann nicht. Dann schreit sie immer. Und kaum bin ich zu Hause, brüllt sie, dass ich mich um die Katzen kümmern, ihre Toiletten reinigen soll. Aber ich komme kaum noch dazu, mich um mich selbst zu sorgen. Meine Zähne, ich verstehe das gar nicht.«

Hätte ich dir mal einen Scheiß geschickt, Heute-Mutter.

Mit jedem Wort, das Papa sagt, wird die Welt wieder spürbar schwer. Mein Thron schrumpft zu einem Schemel, auf dem ich hocke und den Schlägen des Schicksals ausgeliefert bin. Redet er überhaupt noch von den Zähnen? Etwas zu verlieren, und sei es eine Zahnprothese, ist bloß ein materielles Ungeschick, kein metaphysisches Rätsel. Und was haben die Untersuchungen mit alldem zu tun?

»Wann willst du denn nach Kiew kommen?«

»Gestern um sechs.«

»Gestern um sechs? Was redest du?«

»Morgen um neun, wollte ich sagen.«

»Du fliegst schon morgen?«

»Nein, also in ein paar Tagen, am Sechsten.«

»Papa, du kannst nicht in ein paar Tagen am Sechsten fliegen, wenn heute der Dreizehnte ist.«

Bei all seinem Phlegma – Zahlen nahm mein Vater stets strenggenau. Viel genauer als Götter, Geschichte und sein Gebiss. Mathematiker in Diplom und Genom. Dass er plötzlich so hochgradig zahlenverloren ist, kann unmöglich bloße Zerstreutheit sein. Bang strecke ich den Hals vom Schicksalsschemel in den Raum. Bitte kein Alzheimer, bitte kein Alzheimer, bitte kein Alzheimer.

»Papa, wenn heute der Dreizehnte ist und du in zwei Tagen fliegst. An welchem Datum fliegst du dann?«

»Wie meinst du das?«

»Dreizehn plus zwei meine ich.«

»Das verstehe ich nicht. Das versuche ich dir doch zu erklären, ich begreife nicht, was vor sich geht.«

Eben noch der König von Kiew, stehe ich vor Furcht versteinert in einer Straße, die ich nicht kenne, in einem Land, wo mir niemand helfen kann. Und meinem Vater auch nicht, sollte ich es heute verlassen. Mutter hilft ihm offenbar nicht.

»Geht das schon lange so?«

»Schon einige Monate. Neulich wollte ich Mama (Heute-Mutter ist in seinem Sprachgebrauch seltsamerweise zu Mama geworden) etwas sagen, aber es ging nicht. Ich machte den Mund auf, doch es kam nur äh, äh, äh. Alle haben gedacht, ich hätte einfach zu viel getrunken. Aber ich konnte nicht reden und habe auch sehr schlecht Luft gekriegt und gehustet. Dann ging es wieder irgendwann. Jetzt ist das wieder häufiger passiert.«

Geändert kriegst du sie nicht mehr. Und mit ihrer Gesundheit wird es auch nicht auf ewig gut stehen, hat Rostik gesagt. Erst siehst du jemanden fünfundzwanzig Jahre nicht, dann doch, und am nächsten Tag werden seine Worte Wahrheit. Ich rufe meine Mutter an. Unser Gespräch beginnt ungut und verläuft noch schlechter. Ja, abgebaut habe er. Aber das mit der

Krankenversicherung selbst verbockt, sie könne nicht alles für ihn erledigen.

»Sicher, du musst dich ja um deine verfickten Katzen kümmern!«

Sie schreit jegliche Schuld von sich.

»Ich habe ihm immer wieder gesagt, dass er zum Arzt soll! Er wollte nicht!«

Zwecklos. Ich lege auf und rauche. Zum ersten Mal fühlen sich die E-Zigaretten zu schmerzschwach an. Der Rauch ist nicht rau, nicht rücksichtslos genug. Bitte nicht Alzheimer. Damals-Papa hat immer gesagt: *Wenn ich eines Tages nichts mehr kapiere, erschieß mich. Ich meine es ernst. Wenn ich zum senilen Kretin werde, erschieß mich auf der Stelle.* Auf selbstbewussten Konsumspaziergängen über den Krechatik, seine herbeispekulierten Geldbündel zählend, schwang er solche Reden am liebsten.

Tja, wer auf dem Schicksalsschemel sitzt, muss auf bitterböse Ironie gefasst sein. Meine Familie ist schon lange im freien Fall, freien Zerfall, irgendwann musste jemand aufschlagen. Ich setze ein Schreiben zur Fristverlängerung auf, sende es als Fax ins Firmament an Frau Kunze und bleibe am Kiewer Boden.

Otez, Zoja, Andrej, drei bis vier Hunde, zwei Katzen und ich

»Wo steuerst du denn hin, Dimon? Hier bin ich! Haben sie dir in Deutschland nicht beigebracht, ordentlich zu navigieren? One, zwei, one zwei, yes my Herr, yes my lieb Frau Fritz!«

Zoja krümmt sich vor Lachen bei ihrem Oxford-Deutsch. Und weil sie mich vom Dima zum dusseligen Dimon degradiert hat. Dann drückt sie mir einen so saftigen Schmatzer auf die Wange, dass es förmlich durch die Empfangshalle des Flughafens flatscht. Das ist also Zoja? Vielleicht, weil wir bisher nur über Apostillen und Staatsräson sprachen, habe ich sie mir ernsthafter, irgendwie staubiger vorgestellt. Typ intellektuell-generalgekränkte sowjetische Klavierlehrerin, demonstrativ schwer über die Verhältnisse atmend. Stattdessen prustet Zoja so prächtig leicht los, dass sich funkelnde Lachtränen in ihren goldgrünen Augen bilden. Mitte vierzig dürfte sie sein. Pinkfarbene, figurbetonte Jeans, knallig blondierte Haare, Make-up und reichlich Rotgoldschmuck. Zierliche Stupsnase und fein geschwungene Lippen, über die rechts ein charmantes kleines Muttermal getupft ist. Das grobe, ukrainisch klingende Russisch will im ersten Moment nicht richtig zu diesem Mund passen. Schon eher zu ihrem entschlossen stampfenden Gang, der sich nicht im Geringsten um Grazie schert und dem Schicksal souverän signalisiert: Na los, schlag zu, wenn du dich traust. Ich halte es aus, du feiger Lutscher.

»Dimon, du bist ja Vera, nur mit Bart! Tropfen in Tropfen. Wieso bist du überhaupt so unrasiert? Hast du die ganze Nacht an Röcken rumgeschaukelt oder was? Du Rumtreiber!«

Seit dem Zahnanruf habe ich tatsächlich kaum geschlafen. Anfänglich aus reiner Vaterpanik. Anderthalb Jahre nicht mit ihm gesprochen, und nun bekommt er Sprachausfälle. Bin ich mitschuldig an seinem Verfall? Verhöhne ihn als Vati-Shabbati, dabei war er vielleicht schon krank.

Dann legten sich die Wahlerfolge der deutschen Faschisten mit zu mir ins Wachbett. Beinahe stärkste Partei, Bundesland um Bundesland, selbstverständlich am stärksten im gegen Rechtsextremismus angeblich immunen Sachsen. Als würde das Schicksal die mächtige Faust zum Grübeln ans Kinn legen, um meinen Schemel herumschlendern und schließlich mit giftiger Fratze ansagen: Weißt du was? Jetzt, da du hoffnungslos mit deiner Mutter zerstritten bist und dein Vater krank geworden ist, wie deine Schwester ja ohnehin schon, wäre doch ein super Zeitpunkt, den Nazis in Deutschland die Macht zurückzugeben. Viel Spaß bei deiner Einbürgerung, du kleiner Schemelscheißer!

Man steht dann wieder vom Schemel auf, geht auf die Straße, zur Arbeit, und soll mit säuberlicher Dankbarkeit strahlen. Denn kein öffentlich-rechtliches Landsleute-Studio wird je das Gefühl vermitteln, das den Minderlandsleuten an solchen Tagen auf Jahre, wenn nicht sogar Generationen eingebrannt wird.

Zoja und Andrej bestehen darauf, meinen Vater und mich zu beherbergen. Deswegen ist Zoja hier, und wir warten gemeinsam darauf, dass die Maschine aus Leipzig landet. Unsere Gastgeber leben in einem Dorf etwas außerhalb Kiews, im Silo. Das weiß ich aus der sehr kühlknappen Kriegskommunikation mit Mutter. Die Adressen der Zahnarztpraxis und einiger Kliniken hat sie mir ebenfalls übermittelt. Wir praktizieren eine Art Funktionsfrieden und tauschen die nötigsten Informationen miteinander aus, um unnötige Vaterverluste zu vermeiden. *Zaja (das Häschen bleibt, trotz allen Streits), achte darauf, dass Papa sich nicht von dir durch Kiew ziehen lässt. Am liebsten hätte dein Vater, dass man ihm einfach alles abnimmt. Zwing ihn zur Selbstständigkeit. Sonst verwelkt er erst recht zum Gemüse.*

Seinen letzten grandiosen Moment im zweiten Staatsfamilienleben hatte Leonid auf einem Friedhof in Böhlitz-Ehrenberg, wo wir vor ein paar Jahren Proskofja Mechalownas Grab aufsuchten.

»Das Kreuz fehlt!«, schrie Vera auf.

Proskofja Mechalowna war russisch-orthodox beigesetzt worden, und man hatte ein goldenes Kreuz am Kopfende ihres Grabes aufgestellt. Dieses orthodoxe mit dem horizontalen Extrastrich am unteren Ende. Wenn ich mich richtig erinnere, sollen damit alle Atheisten noch mal ausdrücklich an die Hölle gemahnt werden.

Ich weiß nicht, warum manche Menschen an Gott glauben und andere nicht. Aber ich weiß, dass Proskofja Mechalowna an Gott glaubte, weil die Ljudi an Gott glaubten. Weil es soziale Norm war, eine Frage des nachbarlichen Anstandes. Hätte jemand in der Sardinenschlange gesagt, dass jemand in der Kabeljauschlange gesagt habe, Gott existiere nicht – ich weiß nicht, wohin Proskofja Mechalownas Seelenheil den Landsleuten gefolgt wäre.

»Ljonja, das Kreuz ist weg, das Kreuz ist weg!«

»Wir müssen die Polizei holen«, rief Leonid und stürzte zur Friedhofsverwaltung. Von der er bald deutlich langsamer und mit besagtem Kreuz unter dem Arm wieder zurückkam. Die

Friedhofsverantwortlichen hatten es abmontiert und in den Schuppen des Försters gestellt. Weil meine Eltern die Friedhofsgebühr in Höhe von sieben Euro und neunundneunzig Cent nicht entrichtet hatten.

»Das können die doch nicht machen«, stotterte Vera ungläubig vor sich hin. »Das trauen die sich nur bei Ausländern!«

Da Vera ausnahmsweise von ihren Emotionen überwältigt war, nahm sich Leonid der Handarbeit an. Ungeschickt und keuchend das Kreuz wieder in die Erde stopfend. Ein wenig den dritten Höllenstrich als Andockstation für seinen Fuß einsetzend. Proskofja Mechalowna, ein freundlicher Gott möge keine Himmelsverwaltungsgebühren gegen sie erheben, es tut mir leid: Aber ich musste bei diesem Anblick lachen. Mein in ehrlichen Schweiß ausbrechender Vater schaute hoch und erkannte ebenfalls die Komik der Situation.

Proskofja Mechalowna hatte über die Jahre aufgehört, Leonid Davidowitsch dafür zu hassen, dass er Jude war. Um ihn stattdessen schlicht dafür zu hassen, was für ein Mensch er ganz persönlich war – das war ihre Art zu lieben. Recht bedacht, wird Proskofja Mechalownas Abneigung gegen Juden auf demselben Fundament basiert haben wie ihre Zuneigung zu Christus: Die Ljudi hielten es für richtig. Ich bin mir nicht mal sicher, ob meine Oma eigentlich wusste, was ein Jude ist. Und dass Jesus auch einer war. Dass er als Zimmermann arbeitete, das wusste sie allerdings. Und dieser Leonid war kein Zimmermann, kein Bauarbeiter, kein LKW-Fahrer, nicht mal ein Postbote, sondern immer nur am Rechnen und Reden. Echte Arbeit, die ging nur von Hand, Hokuspokus respektierte Proskofja Mechalowna nicht!

Nun richtete dieser unhändige Leonid also Proskofja Mechalownas Ruhestätte per Hand und Fuß, ohne dass dieser Vorgang Hand und Fuß gehabt hätte. Und mutierte zum ukrainischen Komikerpräsidenten: »Tja, Tjochja (Schwiegermutter), sieht so aus, als hättest du erreicht, was du dein Leben lang erreichen wolltest: dass die Juden dir eigenhändig ein Denkmal setzen. Was werden die Ljudi denken?«

In Veras Wimmern mischte sich ein Auflachen. Als hätte Leonid ihr eine Lachluke ins Leben aufgestoßen. Ich fand nicht viele Worte des Trostes für meine Mutter, strich ihr ein wenig mechanisch über den Rücken. Zwischen Vera, immer noch tief getroffen vom Ableben ihrer Mutter, mit der sie jeden Tag gestritten hatte, und mir stand schon eine halbhohe seelische Grenzmauer. Veras Wimmern verdichtete sich, die Lachluke drohte wieder zuzuschnappen, also legte Leonid nach.

»Und deine Tochter weint jetzt, weil ihr Ehemann ihr so furchtbar leidtut.«

Damit knackte Vater uns beide, Vera und ich prusteten lauthals los. Legten dann Blumen nieder und verließen den Friedhof schließlich mit schmerzlich süßer Seligkeit. Als eine Familie. Klar spürend, welches Leichtigkeitsgold wir an diesem Leonid hatten.

»Zoja, ich glaube, das Flugzeug ist gelandet.«

»Erzähl mir was Neues, Dimon. Ukraine Airlines landet immer, nur nicht immer am Flughafen! Verstehste?«

Verstehe ich. Als Andrej und ich vor ein paar Wochen telefonierten, habe ich versucht, mit ihm zu lachen, aber ständig den richtigen Ton, Moment oder ukrainischen Geheimspaßcode verpasst. Heute witzelt Zoja, als könnte ihr nichts in der Welt etwas anhaben.

»Zoja, ich habe Angst, dass Papa richtig ernst krank ist.«

»Dimon, man muss sich sagen, dass alles gut wird, damit alles gut wird. Die Ärzte hier päppeln deinen Vater schon wieder auf, und er wird frisch wie ein Gürkchen nach Germania zurückfliegen. Ich bin letztes Jahr auch umgekippt und mit dem Kopf an die Tischkante. Aber jetzt stehe ich wieder auf den Beinen wie ein Pferd. Hast du denn deine Papiere gekriegt?«

»Ja. Sogar ganz ohne Bestechung.«

»Na siehst du!«

Die automatische Glastür öffnet sich, und mein Vater tritt heraus. Ein kleiner, zerzauster Mann, übergewichtig und verworren, aus graugrünen Augen hinter schmutzigen Brillengläsern grinsend. Erkennbar von Vera in einen ordentlichen neuen Reisepullover beordert. Nur die Schuhe sehen aus wie Gammelgaloschen, weil seine chronisch geschwollenen Füße in keine anderen passen. Die Faschos würden diesen jüdischen Kauz an der Außenwand kreuzigen, ohne dass ihnen die Finger einmal zwicken. Während ich ihn noch bang besehe, ist Zoja schon losgeschossen, umarmt, schmatzt und führt ihren Ljonichka an der Hand weiter.

»Ljonichka, biste also endlich in die Ukraine gekommen, um richtiges Salo zu mampfen?«

»Und um Wodka zu fressen, Zojichka!«

Eine Antwort ganz in Zojas Sinne.

Außer uns gesprochen: Warum auch immer, aber für Saufen und Fressen nutzt man im Russischen gern dasselbe Verb.

»One, zwei, Herr Fresser Agressor!«

Ich kriege einen kurzen, aber ehrlichen Kuss auf die Stirn.

»Privet, Joschik.«

Den Spitznamen Igelchen habe ich mir mit einem haarigen Rücken bei Geburt gesichert.

»Privet. Wie fühlst du dich, Papa?«

»Wie ein junger Gott. Oder Halbgott, reicht mir auch.«

Ein Halbgott mit ungefähr vier übrig gebliebenen Zähnen und eingefallener Mundpartie. Als hätte jemand einen Teil seines Gesichts wie ein Jenga-Klötzchen einfach rausgezogen.

Aber vielleicht stehen die Dinge ansonsten gar nicht so dramatisch. Zähne sind ein wahnsinnig trügerischer Teil des Menschen, die guten wie die schlechten. Immerhin scherzt Otez ja.

Aber Zoja, Zojas Hand, ich, meine Nicht-Hand, zwei Reisetaschen, das scheint seine Koordination zu überfordern. Er läuft immer schräger, nach ein paar schiefen Schritten rutscht ihm die Hose runter. Halbnackt steht mein Vater mitten in der kurz erstaunt innehaltenden Empfangshalle des Kiewer Flughafens. Zoja hilft ihm, ohne zu zögern, die Hose wieder anzuziehen, wobei sich Otez mit der linken Seite besonders schwerzutun scheint. Und nun sehe ich auch einen verdächtig pfützenartigen, gelben Fleck unten am linken Hosenbein.

»Ljonichka, kaum ist deine Ehefrau außer Sichtweite, präsentierst du uns schon den Hofstaat? Du sexueller Triebtäter! Das werde ich Vera noch heute petzen!«

»Ich habe eben die Hitze! Und die Dunkelheit ist immer noch der beste Freund der Jugend!«, feixt Otez zurück, während er ungeschickt versucht, seinen Hosenbund zu fixieren. Meine Wut auf ihn habe ich in einem Verdrängungsspind am Flughafen zwischengelagert. Ich hätte ihn als Erster umarmen, ihm bei der Hose helfen sollen. Was hat sich Vera gedacht, ihn in diesem Zustand allein ins Flugzeug zu setzen? Was ist sie nur für ein Mensch geworden?

Bei einem meiner letzten Besuche in Katzastan war ich krank. Stand niesend und schniefend neben Mutter und klagte über Fieber. Sie reagierte nicht und chattete weiter mit irgendwelchen russischen Katzenliebhabern. Dann nieste ihr Kater Jeroslaw, und sie schaute wie vom Schlag getroffen auf: »Slawik, was ist denn mit dir? Du wirst mir doch nicht krank werden!«

Zoja fährt einen unapologetischen Riesenjeep, was sonst. Breit und unverwüstlich wie ihr Gang. Nur das Navi ist defekt, der Bildschirm zeigt lediglich schwarz-weiße sches Monitorzebra. Ich nehme auf dem F sehe auf den Hinterkopf meines Vaters. S cken hängen schlaff herab. Zumindest di noch.

»So, Ljonichka, jetzt erzähl mal. Was ist denn mit dir?«

Otez erzählt, ähnlich diffus wie schon am Telefon, dass er nicht verstehe, was vor sich geht. Und flucht dabei viel mehr als üblich. Was sicherlich eine verbale Anpassungsmaßnahme an die Ukraine ist.

Außer uns gesprochen: Fluchen ist den Ukrainern eine allgegenwärtige soziale Erleichterungspraxis, so ähnlich wie Ihnen das manierliche Meckern über die Deutsche Bahn. Wenn beispielsweise bei den Bewertungen eines Kiewer Uber-Fahrers (bisher traf ich nur Männer) steht, dass er für angenehme Gespräche bekannt ist, kann man sich fast sicher sein, dass er die Regierung mit allen möglichen Genitalien und Ausscheidungen gleichsetzen wird. Bljad, pisdez, jebuchij, nachuj, nafig – das sind nur einige der ausgesprochensten Freiheitskämpfer. Man selbst kann dann entweder darauf einsteigen, ganz ungeniert mitfauchen, sogar das Schimpfsteuer übernehmen. Oder sich zurücklehnen und den guten Mann wüten lassen, eine ukrainische Gratis-Rage-Massage.

Aber für meinen Vater, das Mensch gewordene Sekundar-Schnurren, ist so eine zornige Zunge dennoch äußerst untypisch. Und erweckt eher den Eindruck rhetorischer Hilflosigkeit, Verängstigung. Zumal er im selben Atemzug beklagt, manchmal überhaupt nicht mehr reden zu können, wenn die Anfälle einsetzen.

»Bljad, irgendwas stimmt nicht. Irgendein jebuchij Stein steckt unter Wasser, und ich muss ihn nachuj finden, Zojichka.«

Zojichka holt ein E-Zigarettenstäbchen heraus. Das exakt

ne Modell wie meines, aber sie raucht damit irgendwele Fruchtkippen. Ich vergehe nach einer, aber will Vater auch nicht mit meinem neuen Laster beunruhigen, ist ja ein Geheimnis.

Zu gefühligen Momenten des Wiedersehens mit Kiew kommt es nicht. Denn wir umfahren die am Freitagabend vollgestopfte Stadt auf schlecht ausgeschilderten Landstraßen. Beleuchtet sind sie selten.

»Sieh dir das an, Ljonichka, sogar die Laternenlampen klaut das Volk schon vom Straßenrand.«

»Pisdez.«

Irgendwann führt nur noch eine ganz schmale Straße in den Wald. Über Stöcke, Stümpfe und Wurzeln holpern wir zu einer einsamen kleinen Siedlung, dem Silo. Und halten bei einem knallblauen, automatischen Einfahrtstor, vor dem zwei leuchtende Augen wachen.

»Lusja, mach dich weg vom Auto!«, ruft Zoja der Katze durch das Fenster zu. Lusja denkt nicht im Traum daran, dem Jeep auch nur ein Quäntchen weiter auszuweichen als absolut nötig.

»Dieses Tier! Sie macht nur, was sie will. Der Kater hat wenigstens Angst vor Autos.«

»Ihr habt Katzen?«, fragfürchte ich.

»Nur zwei. Lusja und den Kater.«

»Wie heißt er denn?«, möchte Vater wissen.

»Kusan.«

Nie im Leben findet mich Frau Kunzes Ausländicopter hier draußen.

»Zoja, ihr habt aber nicht noch mehr Katzen, oder? Nur die zwei, richtig?«

»Nur zwei. Und die drei Kleinen. Aber die werden euch abschlackern.«

»Die drei Kleinen?«

»Unsere Zwergterrier.«

»Ah.«

»Von Nessja müsst ihr euch allerdings fernhalten. Unserer alten Schäferhündin. Die würde euch in Stücke reißen. Obwohl sie alt, taub und halb blind ist. Sie hat neulich schon unsere arme alte Nachbarin fast totgebissen. Ganz leise schleicht sie sich an, Nessja bellt nicht mal. Aber dann! Deswegen ist sie auch tagsüber im Zwinger. Und darf nur nachts raus in den Garten. Bleibt also nachts ja im Haus! So gut sind die ukrainischen Ärzte auch wieder nicht!«

Zoja gönnt sich noch diesen Schenkelklopfer, und mein Vater deklamiert eine seiner sowjetischen Lieblingsphrasen: »Die Obduktion ergab erfreulicherweise, dass der Patient vor der Obduktion geschwitzt hat.«

Andrej kommt uns mit Schaschlikspießen in beiden Händen entgegen.

»Kommt rein, kommt rein. Ljonichka, ist dir also die Flucht zum Salo gelungen? Die Spieße sind gerade durch. Und der Wodachka schön gekühlt. Privet, Dimon, dich lässt die Heimat auch nicht gehen, was?«

»Du sagst es, Andrej. Wir können gar nicht voneinander lassen.«

Die Zwergterrier bellen Otez mit hohen Stimmen aus. Und ausgerechnet mich umkreisen Katze und Kater sanft schnurrend. Haut bloß ab! Ins Haus dürfen wenigstens nur die Zwergterrier.

Das Haus strahlt wie eine Supernova im Silo. Wegen dem grellen Lampenlicht, das durch die Glaswände strömt, ist es bestimmt das am weitesten sichtbare Objekt der Gegend. Im Zentrum des Wohnzimmers, über einem weitläufigen Sofa und einem Kamin hängt ein beachtlicher Fernseher, auf dem ein viel zu laut eingestelltes russisches Popkonzert läuft. Zojas und Andrejs pubertierende Tochter, Tanja, sieht es sich gelangweilt an. Nicht mal das eigentlich, es trällert komplementär zum Instagram-Kosmos auf ihrem Handy. Etwas weiter spielt der schon erwachsene Arthur mit Enkelsohn Sasha. Links ist eine Art Bar, ein paar Ziegelsteinsäulen durchziehen den Raum. Eine Treppe ohne Geländer führt hoch in den zweiten Stock. Fast ein bisschen wie ein Club, denke ich.

»Fast wie im Club, was?«, fragt Andrej zufrieden grinsend.

Wahrscheinlich weil wir bisher fast nur über Steuercodes und Notare sprachen, habe ich mir Andrej ebenfalls eher aktentaschig vorgestellt. Außerdem dünner, ein Streifen im System eben. Typ Programmierer mit Vorliebe für die Musik von Massive Attack und verwegenen Vorstellungen von Mitteleuropa. Aber Andrej ist groß und wohlgenährt, ein ganz zugänglicher Hausmann in karierter Schlabberhose und grillverschmierter Schürze. Immerhin, meine Annahmen zu eckigem Kurzhaarschnitt und Goldkettchen waren akkurat. Wie die beiden sich wohl diesen Dokumente-Dimon aus Deutschland vorgestellt haben? Bei welchen Merkmalen setzen sie gerade ihre Häkchen?

Andrej und Zoja tischen mächtig und vor allem fleischlastig auf. Das Salo des Hauses ist noch nicht ganz aufgetaut, was besonders Andrej ärgert. Ich schlinge den noch leicht starren Speck wie ein Schwein. Wäre ich nicht so hungrig und nervös, ich würde mich schämen, so zu fressen. Dann fällt mir auf, dass Vater motorisch kaum in der Lage ist, die Gabel richtig zu halten, geschweige denn zum Mund zu führen, ohne unterwegs die Hälfte zu verlieren. Eigentlich fällt es Andrej auf, der ihn aufmerksam mustert. Erst als ich seinen Blick bemerke, schaue ich selbst hin. Schon wieder. In Deutschland hätte ich kein Salo vor den Augen wie der letzte Depp. Dort wäre ich bei aller Überforderung nicht so nutzlos. Hier in der heimischen Fremde wirkt alles doppelt bedrohlich. Böte man mir jetzt eine Kiewer Torte an, ich würde bestimmt versuchen, sie mit den Ellenbogen zu kauen, und es trotzdem schaffen, mich zu verschlucken. Jetzt rächt sich die Identitätskloppe von damals, Vera, Leonid. Jetzt bräuchtet ihr einen starken und souveränen Sohn ohne Kiew-Komplex. Stattdessen bin ich fast bis zur Lähmung verschüchtert. Ob Zoja und Andrej meine ukrainische Unfähigkeit spüren?

Über allem liegt ein finsterer, fader Furchtfilm. Das kann auch der Wodka nicht wegspülen und die ignorierte Musik nicht übertönen. Nach drei oder vier Gläschen, von Andrej als Pedisjatochkas geliebkost (die kleinen Fuffis), steigt Otez vorsichtshalber aus. Setzt sich aufs Sofa, belagert von den drei Zwergterriern, die ihn nach vier langen Minuten des Misstrauens doch ins Herz geschlossen haben. Starrt zum Fernseher und schläft ein. Jetzt kann ich endlich rauchen.

»Andrej, ist Nessja schon draußen, oder kann ich noch auf die Veranda?«

»Nee, geh ruhig. Aber bald will ich sie rauslassen.«

Draußen liegen überall noch Baumaterialien, allzu lange werden Zoja und Andrej die Supernova im Silo noch nicht bewohnen. Wenigstens haben sie das Haus für sich selbst gekauft, nicht für die Tiere.

Murrrr.

»Du schon wieder. Lass mich in Ruhe!«

Murrrr, miau.

»Geh weg!«

Prrrrrrrrrrr.

»Was schnurrst du denn so dumm? Zieh endlich Leine, du Scheißvieh!«

Prrrrrrrrrr.

»Arschloch«, sage ich, kapituliere und kraule Kusan den Kopf.

Drinnen hört Andrej einfach nicht auf, Pedisjatchki einzugießen, und ich will ein höflicher Gast sein, der wie ein Landsmann trinkt. Wenigstens das sollte drin sein. Kommt später aber wieder raus.

Zähne zeigen im Zwinger

»Kaffee? Oder soll ich dir vielleicht ein Butterbrot machen, Dim?«

Andrej steht trotz der vielen Pedisjatochkas schon wieder fest auf den Beinen, in weißgrauer Armeehose. Die geländerlose Treppe mit zwei Espressotassen heruntersausend, während die kriegerischen Zwergterrier ihn wie Derwische umkreisen.

»Wie kannst du schon so aktiv sein, Andrej? Wir haben gestern drei Flaschen gefressen.«

»Ich stehe jeden Morgen gegen fünf auf, um Nessja zu füttern.«

Das ist ungefähr die Uhrzeit, zu der Heute-Mutter mit der Pflege ihrer Zuchtfamilie fertig wird und sich schlafen legt. Ich weiß nicht, wie sie das auf Dauer aushält.

»Du musst deinen Schäferhund wirklich lieben.«

»Nein, eigentlich mag ich Haustiere nicht besonders.«

Ich lache auf, er nicht, alles wie gehabt.

Im unbeachteten Fernseher läuft eine Sendung des Komikerpräsidenten, »Die Liga der Lustigen«. Aus der Zeit, als er noch nicht Präsident war. Meist einen Kopf kürzer, interviewt er schalknackig andere Komiker (die nicht Präsidenten wurden). Nahbar, etwas heiser und verschwitzt. Ein kleiner energetischer Flummi, der mich fast ein wenig an Damals-Papa erinnert. Heute-Vater trottet in diesem Moment schwerfällig herein, das T-Shirt nur über die rechte Körperhälfte gezogen, links braucht er Hilfe. Sein Körper riecht faulig, krank.

»Guten Morgen, Ljonichka. Kaffee, Würstchen? Wir müssen uns ranhalten, zum Zahnarzt dauert es eine gute Stunde.«

»Wahre Helden laufen immer einen Umweg!«

Vater lädt ein weiteres Schnipsel aus seiner Samplebank sowjetischer Sprüche hoch. Andrej kennt es offenbar. Zumindest zieht sich seine Miene langsam in Richtung eines Lächelns, als würde der Witz mit der Armeehosenzackigkeit in seinen Zügen ringen und knapp gewinnen. Otez liebkost die angestürmten gefährlichen drei, setzt sich dann aber trübselig an den Esstisch, um mit vier Zähnen auf Magerquark herumzukauen.

Ich habe ihn an so vielen Morgen Quark essend, aber noch viel mehr Quark quatschend erlebt. Nur in Unterhose, haarig, unförmig und unbekümmert über seine haarige Unförmigkeit, schritt Papa durch die Küche und posaunte: »Nehmen wir uns alle ein Beispiel an meiner Ehefrau. Ein scheues, zartes, geradezu zerbrechliches Fabelwesen.«

Das Fabelwesen rauchte zu diesem Zeitpunkt schon die dritte Zigarette zum Kaffee, schwieg mit grimmigem Gesicht und wollte vor allem in Ruhe ihren Katzenchat lesen. Wie konnte uns nicht auffallen, wie depressiv sie geworden war? Moment, jetzt fällt mir wieder ein, warum. Wenn jemand angedeutet hat, dass sie vielleicht ein wenig Hilfe bräuchte, sagte sie einfach Nein. Und damit war der Fall abgeschlossen.

»Ein geradezu märchenartiges Geschöpf. Voller Fantasie und Liebreiz«, trällerte Vater.

Wobei, das waren die guten Tage, an die ich mich gerade erinnere. An den schlechten starrte sie in ihren Cat-Computer und er in die Glotze. Lebendiger war es, als Proskofja Mechalowna noch unter uns weilte. Aus irgendeinem Grund bestand Oma immer darauf, dass »Märkte am Morgen« angeschaltet wurde, GZSZ für Aktionäre.

»Sha, seid jetzt alle mal leise«, schimpfte sie uns still, um die Finanzprognosen zu hören. Viel später habe ich realisiert, dass sie auf den Wetterbericht wartete, der gleich danach gesendet wurde. Was dem Ganzen nicht unbedingt mehr Sinn verlieh, weil Proskofja Mechalowna kaum vor die Tür ging. Klingelte jemand und sie öffnete, redete sie konsequent Russisch. Was mich ärgerte, weil die Kinder, die mich zum Spielen abholen kamen, sich dann immer über die russische Oma lustig machten. Auch das ist so eine Sache, die ich erst viel später verstehen sollte. Natürlich sprach sie Russisch. Wenn man nur eine Sprache hat, spricht man sie mit jedem. Das ist immer noch Erfolg versprechender, als zu schweigen.

Otez jedenfalls plapperte unbeirrt weiter Unsinn und verdarb Proskofja Mechalowna die »Märkte am Morgen«.

»Meine Frau, sie ist wahrlich ein leuchtendes Beispiel. Eine Mutter! Die Mutter aller leuchtenden Beispiele!«

Was Proskofja Mechalownas Wutwerte in die Höhe schießen ließ. »Nichts Gutes kommt von euch. Nichts Gutes! Ihr seid keine normalen Ljudi!«, fuhr es aus ihr.

Mit »ihr« war das Judentum in Person dieses haarigen, Quark essenden Dummschwätzers gemeint. Der allerdings nicht sonderlich aus der Fassung geriet.

»Nehmen wir uns alle ein Beispiel an meiner Schwiegermutter. Ein scheues, zartes, geradezu zerbrechliches Fabelwesen. Ein märchenartiges Geschöpf. Die Mutter aller leuchtenden Beispiele.«

Wenn Vaters Lustiglämpchen erlischt, sehe ich endgültig schwarz für den Zusammenhalt dieser Familie. Denn dann bleibt nur das unversöhnliche Schweigen zwischen Mutter und mir. Unsere Grenzmauer.

Die Zwergterrier betteln um Würstchen, während ich Vater bitte, eine Uhr zu zeichnen, samt Zeigern und Ziffern. Angeblich bringen das an Alzheimer erkrankte Menschen nicht fertig. Seine Uhr hat zwar Zeiger und immerhin zehn Ziffern, die kippen aber alle verdächtig stark nach rechts, als wäre links kein Platz. Über der Zwölf-Uhr-Markierung ist ein seltsames Kreisgekritzel.

»Was ist das denn, Papa?«

»Eine Vorrichtung, um die Uhr aufhängen zu können.«

»Wie praktisch. Proskofja Mechalowna hätte es sich nicht besser malen können.«

»Die Arbeit ist kein Wolf, jagt sie nicht in den Wald, Ljudi!«

Das Lustiglämpchen leuchtet noch.

»Was war das denn für ein Test?«

Und flackert schwach.

»Einer auf Alzheimer.«

Aus.

»Ich sage dir, ich habe kein Alzheimer. Es ist etwas anderes. Ich bin noch bei Verstand«, sagt mein Vater und streckt selbstsicher seine Hand aus, als könnte sie den Lauf der Welt greifen und aufhalten.

»Was hat Mama eigentlich dazu gesagt, dass ich hier in Kiew auf dich warte?«

»Ist doch unwichtig.«

»Sag mal.«

»Dass ich dich nicht mit reinziehen und mich nicht hinter dem Rücken des Kindes verstecken soll.«

Andrej sitzt am Steuer seines schwarzen BMW-Jeeps.

»Ich nehme extra für euch die Monaco-Route.«

Gemeint ist eine ziemlich zerbeulte Straße entlang des Kiewer Meeres. Das wiederum ist eigentlich ein künstlich angelegtes Staugewässer des Dnjepr.

»Apropos Monaco, auf der anderen Seite ist irgendwo Meschyhirja. Die jebuchija Supervilla von unserem alten Präsidenten, nachuj.«

So wie Andrej flucht, könnte er glatt einen hochprofessionellen Uber-Fahrer abgeben. Vater steigt dankend in den Schimpfton ein und ehrenrührt auch ein wenig über den zweifach wegen Diebstahls verurteilten, im Hubschrauber vor der Revolution geflohenen Präsidenten. Fischer stehen mit dicken Gummistiefeln und reglosen Mienen im Wasser.

»Sie haben jetzt einen Nationalpark aus seinem Märchenschloss gemacht und verlangen Eintritt, nachuj.«

Die Zahnarztpraxis liegt am Prospekt der Stalingrader Helden. Ich war noch nie in diesem Viertel. Ausgerechnet bei den Stalingrader Helden sind die Häuser nicht mehr aus sowjetischen Stillstandssteinen, sondern aus frischen Kapitalklötzen, bunt, zwanzigstöckig, modern massentauglich. Und alle Balkone sind gleich.

In der Praxis braucht Vater Hilfe, um die blauen Sterilitätsüberzieher auf seine Füße zu ziehen. Dann soll er einen Patientenbogen ausfüllen. Beim Namen kommt er bis »KAP«, dann wird es hieroglyphisch. Und geboren ist er nach eigener Auffassung am 55.55.1955.

»Papa, was ist das?«

»Kannst du das für mich ausfüllen, Dima? Ich verstehe das nicht. Ich verstehe nicht, was vor sich geht.«

Ich schaue erst entsetzt zu ihm, dann zu Andrej, der mir mit den Augen bedeutet, ruhig zu bleiben. Der Bogen erfragt, welche Medikamente eingenommen werden. Ich weiß, dass er welche nimmt. Für Blutdruck und Diabetes. Ich weiß nicht, wie sie heißen, er auch nicht mehr aus dem Kopf. Und selbst wenn er es wüsste, ich könnte es kaum russisch aufschreiben. Als ich zwölf war, verfasste ich Damals-Papa eine Geburtstagskarte in unserer ersten Staatsfamiliensprache. Er hat mich für die groben Fehler darin verspottet, und ich schrieb von da an gar nichts mehr in diesem hundsgemeinen, verräterischen Alphabet, dessen Liedchen ich einst so gutgläubig gesungen hatte.

Irgendwie reicht es dennoch für die Anmeldung. Als Otez von einem angenehm ruhig sprechenden jungen Arzt ins Behandlungszimmer gebeten wird, gehe ich mit wie sein Erziehungsermächtigter. Alle verbliebenen Zähne müssen raus, vergammelt. Dazu ein komplizierter Prothesenplan mit vier Terminen zum Maßnehmen und Anpassen. Die versammelte Praxismannschaft schaut mich an, ob ich den abschließenden Segen gebe. Ist es wirklich so offensichtlich, dass mein Vater es nicht selbst kann?

Ich gehe vor die Tür und rufe Mutter an. Gefasst, irgendwie noch im technokratischen Dentalmodus, erzähle ich erst mal vom Medizinischen und von dem Kostenvoranschlag. Dann wird meine Stimme zittrig.

»Er konnte gerade seinen Namen nicht schreiben. Ich schicke dir gleich ein Foto vom Formular.«

Vera wird ebenfalls kurz still am anderen Ende der Leitung. Schluckt. Dann beginnt sie zu beteuern: »So schlimm muss es erst nach dem Flug geworden sein! So schlimm muss es erst nach dem Flug geworden sein!«

Vertraue ich ihr eigentlich noch? Wann war ihr letzter großer Familienmoment? Mir fällt keiner ein. Ich suche mein Gedächtnis ab, doch nichts will mir in den Sinn kommen. Sie würde bestimmt sagen, der Kauf des Hauses. Ein Haus, das nur sie wollte. Mir fällt ein, wie ein Katzache auf meinen Rucksack gepisst und sie daraufhin geätzt hat, ich solle ihn halt nicht in der Gegend rumstehen lassen.

»Ich rufe dich an, wenn es etwas Neues gibt.«

»Danke, Zaja.«

Dieses Zaja, Hase – es ist so seltsam. Ich wünschte, sie würde es nicht mehr sagen, und freue mich doch jedes Mal, es zu hören. Mein Schmerz soll mich nicht liebkosen. Soll nicht so tun, als wäre alles Samt, wenn er doch sticht. Wie konnte Vera erwarten, dass Leonid das alles allein schafft, wenn er nicht mal mehr seinen Namen schreiben kann!

Auf der Fahrt zurück ins Silo betrachte ich die Waldbäume ringsherum. Kiefern, glaube ich, hochgewachsen, wobei der Stamm größtenteils kahl ist. Nur die Wipfel blühen, nur der Kopf scheint vital. So kann man leben. Andersherum wahrscheinlich nicht.

Kusan liegt auf dem Dach des Geräteschuppens und beobachtet mit halb geöffneten Augen, wie wir drei aus dem Jeep steigen. Dann rennt er los und begrüßt mich. Nur mich.

»Wow, Dimon. Du scheinst genauso ein Händchen für Katzen zu haben wie Vera.«

»Andrej, wie gut kennst du Vera eigentlich?«

Andrej schaut mich zögernd an.

Ich glaube, meine Mutter hat keine Freunde. Keine Menschenfreunde zumindest. Sie sagt selbst, dass sie nicht so eine Kontaktmaschine wie Leonid sei. »Ich kann nicht mit aller Welt befreundet sein, jeden an mich heranlassen. So wie dein Vater und auch du. So bin ich nicht.«

Das stimmt. Nur zwischen aller Welt und absolut niemandem klafft eine gewaltige Lücke. Im ersten Staatsleben war es vermutlich noch anders, obwohl ich mich auch nicht entsinnen kann, dass Damals-Mama in der Kiewer Zeit wirklich innige Freundschaften gepflegt hätte. Es ist einfach nicht leicht, mit jemandem Zeit zu verbringen, der alles weiß, nur sich selbst gerecht wird, zu allem ein Urteil parat hält, nicht fehlbar und somit auch nicht nahbar ist. »Sie ist eigentlich so ein wundervoller Mensch. Sie ist unglaublich liebenswert. Es sieht leider nur keiner« – so hat Papa sie stets verteidigt. Er liebt Vera durch alle Leben hindurch, bedingungslos. Und jetzt, da er kaum geradeaus gehen und Magerquark kauen kann, verfrachtet Vera ihn in die Ukraine. Der Schmerz, den ich über diesen Verrat empfinde, reicht tiefer als alles, was ich je aushalten musste. Bis zu den ersten, tiefsten Emotionen geht er zurück.

Die Katzen verstehen Vera, und Vera versteht die Katzen. Sie werden auch nur sich selbst gerecht und erachten sich als unfehlbar. Sie fällen über alles ein Urteil, das sie niemals verhehlen. Ich habe auch noch nie eine Katze mit Schuldgefühlen getroffen.

Bevor Andrej antworten kann, kommt sein Enkelchen freudig angestürmt und schmeißt sich so übermütig gegen ihn, dass ihm eine Flasche aus dem Einkaufsbeutel rutscht, den er gerade aus dem Kofferraum gehoben hat.

»Hoppla« – Arthur, der seinen Sohn nicht aus den Augen gelassen hat, fängt die Flasche mit einem schnellen Vaterreflex auf, gerade noch rechtzeitig, bevor sie seinem Sohn gegen den Kopf schlagen kann. Jetzt ist seine Zeit, Vater zu sein. Irgendwann wird er zum Damals-Papa werden.

Im Tageslicht erscheint die Silo-Supernova wie ein gewöhnliches Haus. Die Fassade ist orange, das Dach blau. Wäre das Orange etwas heller, könnte der Anstrich den Nationalfarben der Ukraine entsprechen. Der Garten ist weitläufig und kaum bepflanzt. Nur ein Apfelbaum hat Wurzeln geschlagen. Seine reifen Früchte plumpsen in einen Sandkasten mit Schippchen und Polizeiwagen. Schaukel und Mini-Basketballkorb gibt es auch, alles für das Enkelchen. Weiter hinten ein metallgraues, rundes Bassin und Nessjas Zwinger. Vaters Gesicht wird grün, als die Betäubung nachlässt, er zieht sich zurück.

»Na, was ist, Dimon, Zeit für eine Pedisjatochka?«

Zuerst denke ich, dass Andrej scherzt. Nach letzter Nacht? Doch er meint es ernst.

»Ich habe gesehen, wie blass du geworden bist, als Ljonja seinen Namen nicht schreiben konnte. Mach dich nicht verrückt, meinem Vater ging es ähnlich. Er muss mal ordentlich untersucht werden.«

Pedisjatochka.

»Vielleicht mal zwei Wochen am Tropf liegen und sich auskurieren.«

Pedisjatochka.

»Am Montag fahren wir zu Tjotja (Tante) Jana ins diagnostische Zentrum. Damit die ihn da richtig durchchecken, bljad.«

Pedisjatochka

»Wo hat Vera eigentlich hingeguckt in Deutschland? Offensichtlich ist er ja schon länger krank. Die Motorik ist total gestört! Man muss doch aufeinander achten, bljad!«

Pedisjatochka.

»Um auf deine Frage zu antworten. Ich kenne Vera ein wenig. Ein paarmal haben wir in Leipzig zusammengesessen. Und ich dachte immer, wozu braucht sie nachuj so viele Katzen?«

Pedisjatochka.

Pedisjatochka.

Pedisjatochka.

Als Otez zwei Stunden später wieder ins Wohnzimmer wankt, ist die Flasche leer. Betrunken bin ich nicht. Der unter Strom stehende Körper nimmt den Alkohol und fährt die Schlagzahl runter, den Rausch leitet er aber nicht weiter. Die Sonne beginnt gerade unterzugehen, und ich stehle mich nach draußen in den Garten, ganz hinten zu Nessjas Zwinger, um zu rauchen. Die Zwergterrier folgen mir.

Komisch, Nessja sieht so lieb aus. Ganz ruhig studiert sie mich aus trüben, von einem milchigen Film überzogenen Augen. Die drei Kleffkrümel stellen sich vor ihr auf und bellen nach mickrigen Leibeskräften. Nessja sieht sie verwundert an und steckt die Nase durch die Zaunmaschen, um ein wenig zu schnuppern. Na toll, jetzt wissen alle, dass ich hier hinten hocke, dummer Köter. Tatsächlich öffnet sich in diesem Moment die Verandatür, und Vater kommt auf mich zu. Ich lasse das Gerät schnell in der Tasche verschwinden. Gut, dass es keinen Nikotingeruch hinterlässt. Genau genommen riecht es nach Brokkolipups. Bei der Vorstellung, dass ich diesem zerfallenden alten Mann immer noch mein Rauchen verheimliche, packt mich die Traurigkeit wie ein blutrünstiger Hund.

»Joschik, was treibst du denn hier ganz allein?«

Warum sind wir wieder hier?

Die Luft flimmert wie ein Testbild in der Morgenhitze, und wir wissen nicht, was dieser Tag ans Licht bringen könnte. Aus heruntergekommenen Plattenbauten eilen gepflegte Landsleute zur Arbeit. Nur Tjotja Jana lässt sich Zeit. Seit einer halben Stunde warten Vater, Andrej und ich im Hof ihrer Hochhaussiedlung, um zum diagnostischen Zentrum zu fahren. Wo Tante Jana in der Verwaltung arbeitet und uns die bessere Behandlung ermöglichen soll. Andrej beteuert, dass es anders nicht geht.

»Ohne Kontakte brauchst du hier gar nicht erst zum Arzt zu gehen. Außer du hast richtig Schotter für eine Privatklinik, bljad.«

Natürlich ist Jana nicht wirklich seine Tante. Aber wer sich in der Ukraine gegenseitig assistiert, der wird auch schnell adoptiert.

»Vergiss nicht, dich bei Tante Jana zu bedanken, Dim. Die Gehälter hier sind lächerlich. Gib ihr fünfhundert Griwna oder so. Otblagodari.«

Außer uns gesprochen: *Otblagodari* ist der gängige Euphemismus für Bestechung. Man *entdankt* sich, dankt sich quitt, dankt sich frei.

Nach seinem Ratschlag starrt Andrej ausdruckslos in den Hof. Klopft zunehmend ungeduldig auf dem Lenkrad rum, muss zur Arbeit. Als wir im Silo losfuhren, drehte er Heavy Metal auf, den er seitdem ignoriert. Die E-Gitarren kreischen aus der Rückbank, irgendwo kichern spielende Kinder, keiner sagt ein Wort. Otez kratzt sich den Hinterkopf und zuckt regelmäßig mit den Schultern. Offensichtlich keine Antworten auf seine Fragen findend. Sind es die gleichen wie meine? Was ist mit ihm? Und was machen wir hier? Warum sind wir auf Leben und Tod auf irgendwelche Tanten am Rande Kiews angewiesen? In einem unglaubwürdigen Land, das wir vor einem ganzen Staatsleben verlassen haben?

Eine mittelalte Frau mit halblangem Haar kommt humpelnd auf uns zu. »Entschuldigt«, sagt Tjotja Jana mit müder, aber konzentrierter Stimme. »Einer meiner Kater hat gerade alles vollgepisst, der Mistkerl. Dabei habe ich ihm extra Medizin gekauft, anstatt mein eigenes Knie behandeln zu lassen.«

Okay, sie könnte wirklich zur Familie gehören.

Unsere teure Tante hat ihr Verwaltungsbüro im siebten Stock und eine merkwürdige Art, einen anzusehen. Sie schaut beim Zuhören zwar ins Weite. Die blaufeuchten Augen zusammenkneifend, als würde jede Information mehr Gewicht auf ihre Lider legen. Gleichzeitig habe ich das Gefühl, dass sie uns hinter ihrer Brille ganz nah fokussiert. Wartet sie vielleicht auf etwas Bestimmtes? Entdankt man sich gleich zu Beginn oder nach getanem Familiendienst?

»Ihr geht jetzt in den ersten Stock zur Anmeldung und dann in den sechsten zur Kasse. Ich rede schon mal mit der Neurologin im zweiten.«

»Danke, Tjotja Jana«, höre ich mich sagen und komme mir albern vor. Erst recht, als ich ihr unbeholfen die fünfhundert Familien-Griwna hinstrecke.

»Nicht hier!«, zischt sie. »Das machen wir alles später. Ach ja, und entdankt euch auch bei der Neurologin.«

Die Neurologin begutachtet, wie Otez versucht, seine linke Hand bei geschlossenen Augen zur Nase zu führen. Wo links ist, musste sie ihm dreimal erläutern, doch auch dann gelingt es ihm nicht. Im strahlenden Morgenlicht sehe ich sie ein ungutes Gesicht ziehen. Vater dagegen grinst bei seinem Versagen burschikos. Ich will ihm sagen, dass er das lassen soll, als wäre ich sein Vater. Ich musste noch nie der Vater für meinen Vater sein und will es auch nie werden. Die Neurologin notiert etwas auf einen Block, der aussieht, als wäre er noch in der Sowjetunion gedruckt worden. Alles hier sieht aus, als stamme es aus der unüberwindbaren Gegenwartsvergangenheit. Die knarzenden Holztüren, die abgesessenen Stühle, die Stillstandssteinböden, die pragmatischen Systemblicke der Ärztinnen.

»Schade um das Vögelchen«, spuckt Vater eine Sowjetmurmel aus. Ein Filmzitat, das ich erkenne, *Die kaukasische Gefangene*. Eine Hauruckkomödie. Aus den Siebzigern. Irre, wie sehr mein Vater gerade von der Vergangenheit zehren muss.

»Das Vögelchen flattert jetzt erst mal zum MRT«, befiehlt die Neurologin mit wohlwollender Strenge.

Unsicher lege ich vierhundert Griwna auf ihren Tisch und sage extra laut Danke.

Vater und ich sitzen in der Radiologie und warten auf die Resultate.

»Dauert noch etwas, die Computer sind ausgefallen«, mault eine Angestellte salopp im Vorbeigehen.

»Da, wo es dünn ist, da reißt es auch.«

Otez klingt bei diesem Sample leidig lakonisch, fast unbeteiligt. Und doch spüre ich, dass er verängstigt ist. Ich überspringhandle uns ein Mineralwasser herbei. Dumm nur, dass die Plastikflasche irgendwo undicht ist und wie eine Mücke durch die angespannte Stille der Radiologie pfeift.

»Dieses Wasser pfeift auf uns«, scherzt das MRT-Vögelchen ängstlich auf seinem Ast.

»Vielleicht erwartet es auch, dass wir uns bei ihm entdanken?«

»Möglich.«

»Dann soll der Techniker halt nachuj von seiner Datscha herkommen!«, höre ich jemanden hinter der verschlossenen Tür brüllen.

»Papa, warum sind wir hier?«

»Wegen der MRTs.«

»Das meine ich nicht. Warum musst du in der Ukraine behandelt werden? Wir leben seit einem Vierteljahrhundert in einem der Länder mit der besten medizinischen Versorgung. Diese Kackklinik sah 1960 genauso aus wie heute. Wie kann es sein, dass wir ausgerechnet in Kiew um deine Gesundheit kämpfen müssen?«

»Puh. Was soll ich dir sagen?«

Er sagt rein gar nichts. Kratzt sich nur am Hinterkopf und schaut dann auf den kratzenden Finger. Ein Körnchen ist hängen geblieben, dass er kurz naserümpfend fokussiert und dann fortschnippt.

»Ich sage dir, warum. Das haben wir Veras Gebeten zu verdanken. Den ganzen letzten Jahren Katzastan haben wir das zu verdanken. Ihrer Missachtung. Wieso hat sie immer Geld, ihre Viecher zu behandeln, aber du musst in die Ukraine?«

»Hör zu. Sie hat so viele Fehler gemacht, es ist sinnlos, sich da reinzusteigern.«

»Ach ja?« Meine Wut über sein jahrelanges Untertauchen schießt an die Oberfläche. Dass jetzt ein völlig unpassender Zeitpunkt dafür ist, ändert nichts daran. Die Dreckswasserflasche pfeift immer penetranter.

»Jebuchija suka«, fluche ich und schleudere sie durch den Flur. Sie rollt genau vor die Füße der argwöhnisch blickenden

Ärztin, die in diesem Moment mit den Aufnahmen in den Händen auf uns zukommt.

»Sie hatten einen Schlaganfall. Schon vor einer ganzen Weile.«

Sie sagt es in ukrainischem Selbstverständlichkeitssingsang. Als wäre es etwas Alltägliches, ein gerissener Einkaufsbeutel. Schlaganfall, ist das besser als Alzheimer? Ist es schlimmer?

»Außerdem sieht man auf dem MRT §%&%§/§.«

Ich kenne das Wort nicht, Vater kennt es vielleicht, kann es sich aber sicher nicht merken.

»Ich empfehle Ihnen, sich schnellstmöglich in der gerontologischen Fakultätsklinik einweisen zu lassen und mit der Rehabilitation zu beginnen.«

Ich entdanke mich bei Tante Jana. Diesmal steckt sie den Schein zügig ein, mit einem so rationalen Gesicht, dass man nie denken würde, sie könnte ihn gänzlich für Katzen ausgeben. Ihr Blick liegt nun ganz ersichtlich bei uns.

»Du meine Güte, ein Schlaganfall? Was macht ihr denn jetzt?«

Wir müssen in die gerontologische Klinik, will ich gerade sagen, aber da übernimmt Vater zum ersten Mal die Initiative.

»Wir fahren jetzt erst mal zum Zahnarzt! Die sollen mir die Prothese abmessen, dann lege ich mich ins Krankenhaus. So kann ich nicht essen.«

»Zum Zahnarzt? Sind Sie sicher? Sie hatten einen unbehandelten Schlaganfall. Sie gehören an den Tropf!«

Welchem Familienmitglied soll ich jetzt glauben? Bis hierher hat Vater durchgehalten. Kommt es da auf die eine Stunde an? Er braucht Zähne. Ich kann ihn so entmündigt kaum ertragen.

»Dima, rufst du Mama wegen der Diagnose an?«

»Ruf sie doch selber an. Ich will nicht.«

Die Zahnarztpraxis können wir ohne Andrej nicht mehr finden. Wie zwei versprengte Deutsche hängen Otez und ich am Prospekt der Stalingrader Helden fest. In der erstickenden Mittagsglut wirken die Zwanziggeschosser wie eine unüberwindbare Front. Ich rufe bei der gerontologischen Klinik an. Die weigern sich, Vater anzunehmen. Zu akut. »Und wenn er bei uns noch einen Schlaganfall kriegt?«

Und jetzt? Was soll ich tun? Ich mache in Kiew alles falsch, klebe in einem Netz von Unwissen wie eine Fehlerfliege. Warum um alles in der restlichen Welt sind wir hier? Ich könnte vor Wut zu Mutter rennen, nur um ihr diese Frage entgegenzubrüllen, und wäre schneller bei ihr als die Ukraine International Airlines.

Und doch brauchen wir dringend Familienbeistand. Ich rufe Tante Jana an.

»Dima, hören Sie zu. Ich kenne jemanden im Stadtkrankenhaus Nr. 8. Das ist direkt gegenüber vom diagnostischen Zentrum. Dort kann Ihr Vater noch heute aufgenommen werden. Er braucht Infusionen.«

Vater wildert durch fünfunddreißig Grad Sonnenschein und fragt Passanten nach dem Weg zur Zahnarztpraxis.

»Papa, komm bitte her!«

»Ihr Vater muss ins Krankenhaus. Heute!«

»Verzeihung, wissen Sie, wo sich die Firma Lumident befindet?«

»Tante Jana sagt, du sollst sofort ins Krankenhaus«, rufe ich.

»Ich brauche Zähne!«

»Mein Vater möchte vorher unbedingt noch zum Zahnarzt!«

Tante Jana schreit, so glaubhaft entsetzt wie ein echtes Familienmitglied: »Was denn für Zähne? Er könnte jederzeit einen zweiten Schlaganfall kriegen! Dann braucht er keine Zähne mehr für nichts!«

»Papa, komm bitte her! Geh wenigstens aus der Sonne!«

Ich renne zu Otez und will ihn zur schattigen Seite führen, doch er reißt sich los wie ein bockiges Kind.

»Verzeihung, Sie wissen nicht zufällig, wo die Firma Lumident ihre Praxis hat?«

»Ich kann das Bett im Krankenhaus nicht mehr lange freihalten.«

»Lumident, sagt Ihnen das etwas?«

Otez hat mittlerweile einen ganz unheimlichen, farblosen Gesichtston.

»Papa, vergiss die Zähne, du musst ins Krankenhaus. Jetzt!«

»Du gehst mir auf den Wecker, Dima! Ich will zum Zahnarzt!«

»Sie kosten mich meine Nerven, Dima! Ihr Vater muss sofort ins Krankenhaus!«

Wir sitzen in der Notaufnahme von Stadtkrankenhaus Nr. 8, Vater schmollt. Tante Jana hat uns bei der Anmeldung abgeliefert. Die gruftgrünen Flure riechen so stark nach Desinfektionsmitteln, dass einem übel wird. Endlich bekommen wir einen Anmeldebogen rübergereicht, nur lesen kann ich ihn nicht. »Können Sie mir bitte ein russisches Formular geben?«

Die Frau am sogenannten Empfang sieht mich so missgünstig und hintergangen an, als hätte ich ihr bisher etwas vorgemacht.

»Wir sind hier in der Ukraine! Schreiben Sie gefälligst Ukrainisch!«

Vaters verbissen zahnloses Schmollgesicht ist inzwischen kalkweiß, und ich hänge bei dieser dummen Patriotenkuh fest.

»Dima, ich brauche äh, äh, äh!«

»Was denn?«

»Äh, äh, äh.«

Otez hustet hohl und versucht wieder etwas zu sagen.

»Äh, äh, äh.«

»Brauchst du Wasser, Papa?«

Er nickt. Aufgelöst bitte ich die Patriotenkuh an der Rezeption um ein Glas.

»Wir brauchen zuerst Ihre feste ukrainische Anschrift.«

»Die kann ich Ihnen nicht geben. Wir leben in Deutschland.«

»In Deutschland? Was machen Sie dann hier?«

»Mein Vater braucht Wasser.«

»Wir brauchen eine ukrainische Adresse.«

Ich denke mir eine aus. Bljad, schtob ti sdochla padlo!

»Was ist denn das für ein Russisch? Das kann ich nicht lesen. So nehmen wir Sie nicht an!«

Dass die Gesundheit meines Vaters mal von meinem slawischen Mandarin abhängen könnte – nie hätte ich mir das träumen lassen.

In einem sowjetischen Stillstandsfahrstuhl wird mein Vater in den siebten Stock verfrachtet. Neurologische Station. Ein unglückseliges, voll belegtes Sechserzimmer. Von den tumorrosa Wänden bröckelt tot der Putz, das löchrige Laken muss man sich selbst auf die gammlig besudelte, bitterorange Sowjetmatratze ziehen. Um die wenigen, verrostenden Infusionsgestelle streiten sich entnervte Frauen, die ihre vom Schlag angefallenen, aus verängstigt ausgebrannten Augen starrenden Männer pflegen. Wenn man diesen Ort in Flaschen abfüllen könnte, hätte man die Hoffnungslosigkeit konserviert.

Eine Schwester bringt Vater das Abendessen, Frikadelle mit violetten Flecken auf steinhartem Schwarzbrot, ohne Teller auf die schmutzige Stillstandskommode abgelegt. Besteck leiht mir die Putzfrau so klammheimlich, als wäre es aus dem Ärztekabinett gestohlenes Morphium. Eine Krankenschwester legt mit giftigstem Gesicht die Infusion. Das gesamte Krankenhaus scheint seinen Patienten vorzuwerfen, dass sie krank sind. Dass sie in einem armen Land arm dran sind. Und ausgerechnet in diesem Moment füllt die untergehende Sonne den Raum mit reichstem Rotgold. Otez ist befremdlich abwesend, seit wir hier angekommen sind. Säuerlich souverän wie ein Theaterkritiker, der weiß, dass diese Vorstellung keine positive Wendung mehr nehmen wird. Trotzdem kann ich seine Panik spüren.

»Geh nach Hause, Papa«, sagt mein Vater zu mir, nachdem ich Essen und Medikamente bei der Apotheke im Erdgeschoss gekauft habe. Das ist keine Reise in die Vergangenheit mehr. Ich gehorche ihm und taumle hinaus auf die Straße. Wo inzwischen Nacht ist und Hochhäuser aus Hunderten Fenstern leuchten. Ich weiß nicht, wie ich zu Zoja und Andrej kommen soll, ich weiß nicht einmal, in welchem Teil der Stadt ich mich befinde. Mein Telefon ist tot. Ebenso jegliches Verständnis für meine Mutter.

»Warum sind wir hier?«, brülle ich ihr nach drei Stunden Heimweg entgegen.

»Ich habe ihm seit Monaten gesagt, er soll zum Arzt gehen. Hunderte Male! Er ist nie gegangen. Erst mit dir war er einverstanden zu gehen!«

»Und warum hast du ihm dann gesagt, er soll sich nicht hinter meinem Rücken verstecken? Was wäre denn gewesen, wenn er hier allein geblieben wäre? Er wäre jetzt tot! Was hast du in den letzten zehn Jahren für deine Familie getan?«

»Sprechen wir lieber davon, was ich in den letzten zwei Jahren für die Familie getan habe.«

Sie will aufs Haus hinaus, das kann sie vergessen.

»Ich werde dir diesen Tag niemals verzeihen, Vera! Hörst du? Niemals!«

»So viel Hass, woher hast du so viel Hass auf mich?«, sagt sie kontrolliert. Nicht wie ein Mensch aus Fleisch und Blut. Und doch weiß ich, dass ich mein Fleisch und Blut von ihr habe.

Gegen meinen Willen tut sie mir leid. Nein, sie tut mir nicht leid. Sie tut mir leid. Sie tut mir nicht leid. Wem tue ich eigentlich mal leid?

Ob Kusan draußen im Garten herumschleicht?

Wem die Katzen singen

Kusan hört mich kommen und stürmt auf mich zu. Ich setze mich auf das Bänkchen unter dem Apfelbaum, und sofort springt er auf meinen Schoß. Tritt schnurrend auf meinen Oberschenkeln umher und starrt verliebt in mein von Niederschlägen und Fassungslosigkeit eingefallenes Gesicht. Zoja und Andrej sind noch bei einem Geburtstag, und das Haus liegt lautlos da. Ab und an hört man Hunde bellen und das Rauschen vorbeifahrender Autos in der Ferne, ansonsten nur Kusans Schnurren.

Außer uns gesprochen: Im Russischen sagt man, dass Katzen singen. Koshka pojot. Wenn Katzen für dich schnurren, singen sie für dich. Wem die Katzen schnurren, der ist ein besungener Mensch.

Kusans Nase ist narbig zerkratzt.

»Mit wem hast du dich denn heute wieder gestritten, du kleiner Gartengangster?«, frage ich in lang nicht mehr verwendeter Kinderstimme.

Prrrrrrr.

Augenblinzeln.

Prrrrrrr.

Kusans Ohren liegen irgendwie schief an. Eines ist sogar geschwollen, vielleicht hat er sich eine Zecke eingefangen.

»Ich glaube, du hast die Steuerbehörde am Ohr, Kusanchik. Die saugt dich aus. Das ist gefährlich. Soll ich mal Dr. Friedrich Merz für dich anrufen? Der weiß, was in solchen Fällen zu tun ist.«

Kusan singt noch inbrünstiger, reibt seinen Kopf an meiner Hand und streckt sich auf meinen Schoß aus. Gemeinsam blicken wir in den dunklen Garten. Sein Schwanz baumelt ein wenig schief. Das Fell ist bis zum oberen Rücken wuschelig und silbern. Ab dem Hals, wo ein Stückchen Wirbelsäule ungesund hervorsticht, wird es seltsam flach und matschig grau. Schwer, diesen gescholtenen Kerl, der immer hier draußen bleiben muss, nicht ins Herz zu schließen. Ich streichle ihn, und meine Hände werden wohlig warm von seinem Fell, laden sich geradezu auf. Als Kusan sich seitlich dreht, um mir sein Bäuchlein freizulegen, umarmt er mein Knie mit einer Pfote und presst sein Köpfchen fest an mich.

Damals-Mama und ich hatten ein Spiel, früher in Kiew. Es ging auf Kosten von Marta. Mama und ich taten so, als würden wir uns streiten. Aggression im Rudel brachte Marta völlig aus der Fassung. Sie umkreiste uns und miaute als mäßigende Stimme der Vernunft. Und wenn wir nicht aufhörten mit dem Zanken, knurrte sie schließlich entnervt und versuchte das jüngere Rudelmitglied, in dem Fall mich, zwischen die Zähne zu nehmen und an einen sicheren Ort wegzutragen. Wir haben dieses Spiel oft vor Besuchern aufgeführt, die Tränen lachten.

Die Familienlegende besagt, dass Marta mir sogar einmal das Leben gerettet hat, als ich mit vergiftetem Magen und haushohem Fieber im Bett lag. Sie schlug so lange Alarm im Schlafzimmer von Damals-Mama und Damals-Papa, bis sie ihr in mein Zimmer folgten. Wir rasten dann ins Krankenhaus, und der Arzt stellte fest, dass wir keine zwanzig Minuten später hätten kommen dürfen.

Marta war es, die mich in Grünau immer tröstete, wenn Vera und Leonid im Geschäft malochten und vergaßen, meine Einsen in den Grammatik-Klassenarbeiten zu loben, während die Nazis vor der Tür sich die Zeit mit Terror totschlugen. Sie warf mir diesen ganz bestimmten, treu-verschwörerischen Blick zu und wollte, dass ich ihr in mein Zimmer folge. Sich immer wieder umblickend, ob ich auch wirklich komme. Dann krochen wir unter die Decke und schliefen zusammengerollt zu ihrem Gesang ein.

Proskofja Mechalowna hatte selten etwas Gutes über Marta zu sagen, was eher für die Katze sprach.

»Dieses Vieh will nur, dass du sie ständig rubbelst. Und du Idiot reibst die ganze Zeit ihre Bazillen in die Luft! Hast du denn gar kein Gewissen?«

»Mama, lass das Kind die Katze streicheln!«, schrie Damals-Mama Proskofja Mechalowna an. Bei ihrer Mutter verlor sie so leicht die Contenance, wie das Feuer seine Funken verschießt.

»Ich finde, Sie haben völlig recht, Proskofja Mechalowna«, schwang sich Damals-Papa auf. »Morgen machen wir Schluss mit dieser parasitären Sauerei. Morgen fängt die Katze auf dem Bau an. Punkt fünf Uhr, als Zementmischerin! Hörst du, Marta? PUNKT FÜNF UHR!«

Als Marta starb, graugelb, diabetisch und zum Skelett abgemagert, blieb ich grausam unbekümmert, will sagen: kindisch. Gerade war die fünfte Klasse zu Ende gegangen, endlich begannen die Ferien. Alle trafen sich am See, und das war lustig und wichtig. Für Damals-Mama aber brach an diesem Tag eine Welt zusammen. »Ich habe meine Bezugsperson verloren«, klagte sie. Ich war überrascht, dass sie den deutschen Begriff *Bezugsperson* kannte.

Wahrscheinlich fingen wir sie in der Trauer nicht genug auf. Wahrscheinlich fingen wir sie in der Trauer um Tonja ebenfalls nicht genug auf. Aber wie, wenn sie selbst die Trauer nicht zulässt? Nie spricht Vera über ihr Innenleben, nie gesteht sie Verwundbarkeit. Wie soll man eine Mutter auffangen, die sich noch im Stürzen für stabil hält und lieber alle anderen mit in den Abgrund zieht?

Lusja, diese Wilde, erscheint wie aus dem Nichts. Angespannt steht sie in der Nacht, betrachtet Kusan und mich, überdenkt kurz ihre geopolitische Lage und hüpft dann ebenfalls auf meinen Schoß. Über Kusan hinwegstampfend, der diese Frechheiten scheinbar gewöhnt ist und anstandslos duldet. Lusjas versprengte Brauntöne lassen sich im Mondlicht nur erahnen. Ihre Augen glühen, als leuchteten Glühbirnen in den Höhlen. Sie stellt sich aufrecht auf die Hinterpfoten, die Vorderpfoten an meiner Brust, und durchleuchtet mich.

»Na, Ljusichka? Machst du mir schöne Augen?«

Sie fixiert mich weiter, berechnet fünf Millionen Szenarien, wie diese Begegnung weitergehen könnte, und fängt dann auch an zu singen. Kusan hebt den Kopf zu uns und kriegt dafür eine von Lusja gescheuert. Er lässt sich devot von meinem Schoß fallen, verschwindet um die Ecke, nur um gleich darauf wieder neben uns aufzutauchen und geduldig darauf zu warten, dass Lusja seinen Menschen freigibt. Sie ist tatsächlich ein rastloses Wesen. Mit viel gutem Zureden überzeuge ich sie, ein wenig stillzuhalten und sich anzulehnen. Sie drückt sich gegen meinen Körper, als ob sie spürt, dass da einer innerlich blutet. Ich streichle ihren Bauch und spüre, wie sich in ihren Seiten etwas rührt.

»Du wirst ja eine Mama!«, säusle ich, und sie singt immer lauter. Sie hat sehr gut verstanden, dass ich gerade verstanden habe. Nach all den ausgebrannten Alten auf der neurologischen Station tut es gut, die kleinen Kätzchen zappeln zu spüren. Süßes, flauschiges, starkes neues Leben. Meiner Mutter wird das wohl auch Kraft gegeben haben all die Jahre lang. Wem die Katzen singen, der ist erhört. Wem die Katzen zu lange singen, der hört nichts anderes mehr. Hier sitze ich also in einem gottvergessenen ukrainischen Silo, rauche, sinniere über meinen Kummer und streichle Katzen. Wie meine Mutter wahrscheinlich gerade in Katzastan. Ich drücke Lusja noch fester an mich, und für eine kurze Ewigkeit verharren wir so. Dann geht die Verandatür auf.

»Lusja, seit wann magst du denn Menschen? Das macht sie bei keinem!«

Zoja und Andrej sind zurück und staunen über die einander festhaltenden Säugetiere in ihrem Garten. Lusja springt von meinem Schoß und schießt in die Dunkelheit fort.

»Dimon, du Katzenflüsterer, komm rein, erzähl. Wie geht es Ljonja?«

Während Zoja fragt, schaltet Andrej den beachtlichen und fortan nicht mehr zu beachtenden Fernseher ein. Es läuft eine Liebeskomödie mit dem Komikerpräsidenten, aus der Zeit, als er noch nicht bestimmte, wie alles läuft. Aus irgendeinem Grund, womöglich einem ökonomischen, übernachten er und eine Frau immer unbemerkt in einem Möbelhaus. Sie mögen sich scheinbar nicht besonders.

»Hast du dich bei der behandelnden Ärztin entdankt?«

»Nein, sie war am Abend nicht mehr da.«

»Du musst dich morgen unbedingt bei ihr entdanken! In den staatlichen Krankenhäusern rührt keiner einen Finger, wenn du ihnen nicht was gibst, bljad!«, warnt Andrej. Ausnahmsweise Pedisjatochkas eingießend.

Die beiden Schläfer im Ausstellungsbett werden erwischt und rausgeworfen. Jetzt, da sie nicht mehr gezwungen sind, nebeneinander zu übernachten, vermissen sie sich plötzlich. Gut möglich, dass sie sich verliebt haben. Und tatsächlich, so ist es dann auch. Er will es ihr gestehen, aber kann sie nicht mehr finden. Gibt's doch nicht!

Zoja sagt so ernst, wie ich sie noch nicht gehört habe: »Das Stadtkrankenhaus Nr. 8 ist nicht schlecht. Da lag ich auch, nachdem ich umgefallen bin. Andrej war da wegen seiner Niere. Ich weiß, die Rahmenbedingungen sind ein Graus. Aber die Ärzte sind sehr gut. Nur entdanken musst du dich bei ihnen!«

Hätte sich der vorletzte Präsident mal kein Privatkino bauen lassen, um, wer weiß, ungestört Schnulzen mit dem jetzigen Komikerpräsidenten zu schauen und dabei die Pralinen seines Nachfolgers zu mampfen. Dann wäre vielleicht etwas mehr Geld in der Staatskasse geblieben und Kiewer Krankenhäuser könnten sich Infusionsstative leisten. In einem dieser Kiewer Krankenhäuser liegt mein Vater, vorausgesetzt jedenfalls, das alles ist nicht nur ein grausamer Albtraum.

Aber nein, das kann kein Albtraum sein. In Albträumen singen die Katzen einem nicht.

Kiew-Komplex muttiert

Das Entdanken geht mir mittlerweile flüssig von der Hand. Sogar einen Standardspruch habe ich mir angeeignet. Er ist nicht sonderlich komplex: »Ich lasse das mal für alle Fälle hier.«

Zum ersten Mal praktiziere ich diese Taktik an der Stationsärztin des siebten Stocks, Aljona Igorjewna. Wenn auch mit gemischten Gefühlen und erst im zweiten Anlauf erfolgreich.

»Dobroho ranku, Aljona Igorjewna.«

Guten Morgen, Aljona Igorjewna, skandieren die Landsleute im Lazarett wie aus einer Kehle, als die Ärztin zur Visite eintritt. Eine recht junge Frau mit roten Haaren und auffällig dünnen Armen. Wie zwei sommersprossige Spritzen stecken diese Ärmchen an Aljona Igorjewnas Oberkörper. In ihren blauen Augen liegt etwas erschlagend Klares, fast Unbestechliches. Einer der entnervten Frauen sagt sie unumwunden, sie dürfe keine Wunder mehr erwarten. Und deren Nachbarin befiehlt sie, ihren hirngeschlagenen Gatten nicht mehr anzuschreien und sich gefälligst zusammenzunehmen. Die nächste Station ist das klapprige Krankenbett meines Vaters. Der mit einem ausufernden Grinsen grüßt, das nicht in diesen bedrückten Raum passt.

»Dobroho ranku, Leonid. Sie sind also neu bei uns, wie fühlen Sie sich?«

»Jung und heiß, wie ein Halbgott.«

Aljona Igorjewna hält kurz inne und mustert Vater. Sieht einen übergewichtigen Mittsechziger am Tropf, ein Pinkelschälchen neben sich, und setzt zügig ein Berufsgrinsen auf.

»Jung und heiß, ja? Das ist natürlich sehr erotisch. Sagen Sie, Leonid, wie viel ist fünf mal fünf?«

»Fünf mal fünf?«

»Ja.«

»Fünf mal fünf, das führt zu genau dem Ergebnis, das die Kommunistische Partei in weiser Voraussicht vorgegeben hat.«

Aljona Igorjewna, kaum älter als fünfunddreißig schätze ich sie, muss ein Kind der Perestroika sein. Ganz ohne sowjetische Bausteine, nur die sowjetischen Trümmer fielen in die Zeit ihres Aufwachsens. Auf jeden Fall klingt ihre Stimme so standhaft, als würde sie mit jedem gesprochenen Satz die brüchigen Verhältnisse ringsherum stemmen.

»Aha. Und hat die Kommunistische Partei auch vorgegeben, welcher Wochentag heute ist?«

»Natürlich.«

»Also, welcher Wochentag ist heute?«

»Ein guter für die Partei.«

»Papa, hör auf. Gestern war Sonntag. Denk nach.«

»Halten Sie sich bitte raus.«

»Donnerstag?«

»Heute ist Montag, Leonid. Und wenn ich morgen komme, haben Sie ausgerechnet, wie viel fünf mal fünf ist, ja?«

Nach der Visite folge ich Aljona Igorjewna hastig in den Flur und versuche, ihr zweitausend ukrainische Entdankungen zu übergeben.

»Das ist unnötig.«

Unverwandt blickt sie auf den Schein herab. In wohlwollend erzieherischem Ton hinzufügend: »Ich gebe auf all meine Patienten acht. Aber kommen Sie morgen in mein Büro, wir müssen sowieso reden.«

Bei ihrem letzten Satz bemerke ich, dass Aljona Igorjewna oben ein Stück Schneidezahn fehlt. Vielleicht ist sie ja tatsächlich eine, die eigene Lücken nicht um jeden Preis auffüllen will. Ja, ein Teil von mir wünschte sich, Aljona Igorjewna möge unbestechlich sein. Eine, an die man glauben kann in einem unglaubwürdigen Land.

»Natürlich nimmt sie das Geld nicht im Flur, das ist zu auffällig. Sei doch nicht so naiv, Dimon«, manöverkritisieren Zoja und Andrej am Abend. »Was glaubst du, weshalb sie dich in ihr Büro lädt?«

Einen Tag später sitze ich also, nachgeimpft gegen Naivität, in Aljona Igorjewnas Büro. Und entdecke ein hutkrempenbreites Loch im Stillstandsboden unter meinen Füßen, durch das man in die untere Etage sehen konnte.

Außer uns gesprochen: Wenn etwas dringend Reparatur benötigt, aber doch noch irgendwie seine Funktion erfüllt, wie das Kiewer Stadtkrankenhaus Nr. 8 oder die meisten postsowjetischen Staaten, sagt man im Russischen, dass es sich *auf dem ehrlichen Wort halte*. Sinngemäß also: *getragen vom eigenen Versprechen stark bleibe*. Das finde ich sehr poetisch und wahr zugleich, liebe Landsleute. Wahrscheinlich hält sich auch meine Familie gerade am ehrlichen Wort, bleibt getragen vom irgendwann gegebenen Versprechen stark. Oder nutzt das alles nichts, wenn die Löcher nur groß genug werden?

»Ich kann Ihnen nicht versprechen, dass Ihr Vater wieder der Alte wird. Lassen Sie sich von den Sprüchen nicht täuschen, er ist schwer angeschlagen. Wegen der $§%$§§%/§§§/§ wäre es gut, wenn Sie einen Hirnchirurgen konsultieren. Damit wir wissen, wie wir hier am besten weiterbehandeln.«

Aljona Igorjewna redet zwar dankenswerterweise Russisch mit mir, doch das entscheidende Wort entschlüpft meinem Kopf wie ein Fisch. Ich kann mir nicht viel mehr als das E am Anfang merken und schäme mich für meine ukrainische Unfähigkeit. So sehr, dass ich nicht nachfrage, sondern nur verständig nicke, aufstehe und viertausend Griwna vor ihr auf den mit Krankenakten vollgestapelten Tisch lege.

»Das lasse ich mal für alle Fälle hier.«

Aljona Igorjewna akzeptiert die Absicherung. Was mich zugleich erleichtert und enttäuscht. Sie bedankt sich mit leerem Blick, und ich überbringe Vater die vollzogene Entdankung als Erfolgsmeldung. Beim Eintreten laut »Vatrrr« rufend. Doch so russisch ich das R auch rolle, unsere Zimmergenossen blicken argwöhnisch auf. Als hätten wir ihnen bis dato etwas vorgemacht. Ich verstehe das nicht. Im siebten Stock, wo die Luft von Verzweiflung und Inkontinenz getränkt ist, würde doch wohl niemand an Nationalitäten denken? Habe ich nicht recht, liebe Landsleute daheim?

Allzu beliebt scheinen Vater und ich hier nicht zu sein. Die Essenausgeberin, eine ältere Frau mit langer Dackelnase, wirft Vatrrr zunehmend beleidigte Blicke zu, weil er sich weigert, auch nur einen Bissen von ihrem quietschenden Metallwagen anzunehmen. Die Lila-Flecken-Frikadelle dürfte für immer zwischen den beiden stehen. Stattdessen bringe ich Vater morgens und mittags Mahlzeiten. Diätputenwurst, Pak Choi, Hummus. Dinge, die sich außer uns hier niemand leistet. Im Supermarkt mit den fünf Expresskassen verfliegen viertausend Griwna, ein Monatsgehalt, rasch. Ebenso für Medikamente. Wie soll man in diesem Land ohne Entdankungen überleben? Und wie mit ihnen? Die Differenz zwischen Einkommen und Preisen scheint nicht mehr unglaubwürdig, sondern unglaublich. Ich kann es den entnervten Ehefrauen daher nicht richtig verdenken, dass sie Leonid die täglichen Essenslieferungen übelnehmen.

Vater jedenfalls lobt meine gelungene Entdankungsrede. Wenn auch in sehr schwammigen Worten.

»Was hat die gesagt?«

»Wer, die?«

»Sie.«

»Sie wer?«

»Na ja, die Ärztin, Natalia Marinowa.«

»Du meinst Aljona Igorjewna.«

»Ja, Aljona Marinowa.

»Sie heißt Aljona Igorjewna.«

»Aljona Igorjewna, sag ich doch.«

Eben noch selbst wegen meiner Sprache in den Schamschlamm gezogen, bestand ich nun unnachgiebig darauf, dass Otez sie korrekt nutzte. Und sich nicht damit zufriedengibt, dass ich seine Gedanken schon irgendwie erraten würde. Ich will, dass er sich jetzt schon Mühe gibt, wieder auf die Beine zu kommen.

»Wie viel ist denn jetzt fünf mal fünf?«

»Drei.«

»Papa.«

»Vier.«

»Wie kann denn das Ergebnis vier sein, wenn du bereits eine Fünf hast, die du noch mal mit fünf multiplizierst?«, schreie ich ihn an, im gleichen Ton wie die entnervten Frauen um uns herum. Die in diesem Moment zum ersten Mal mit einer Spur Empathie zu mir herüberschauen.

»Ist ja gut, es ist mehr, es ist mehr. Was anderes, kannst du mir ein Moped kaufen?«

»Ein Moped? Wozu brauchst du denn bitte ein Moped?«

»Nein, kein Moped, wie heißt es. Eine Mobilkarte, damit ich Mama anrufen kann. Ich möchte wissen, wie es ihr geht. Sie schläft bestimmt nicht und raucht zu viel.«

Nichts kann Leonid seine Vera verderben. Als er ihr vor vierunddreißig Jahren davon abriet, mit minderwertigem

Würzspeck davonzugehen, da tat sie ganz recht, auf ihr Gespür zu hören und seiner Gewissenhaftigkeit am Wegesrand zu trauen.

Schon fast im Fahrstuhl, beschließe ich, noch einmal umzukehren und nachzufragen, ob Vater noch Kefir zum Moped möchte. Beim Eintritt in sein Krankenzimmer sehe ich ihn bitterlich weinen. Ich sagte nichts, ich hätte nichts sagen können. Sondern stelle mich ans Bett und streichle das aufquellende, verschreckte Gesicht meines Vaters. Bis er ruft: »Nun hau schon ab.« Und ich haue ab. Manövriere mechanisch wie eine Maschine zum Supermarkt. Meine Emotionen irgendwo abtretend, um auf den Beinen zu bleiben. Fast so, wie es meine Mutter wohl immer macht. »Gibt es denn eine andere Variante?«, fragt sie dann rein rhetorisch.

Marta kreist ganz aufgebracht um uns, während ich würge und krampfe. Damals-Mama ist nicht nur gegenüber ukrainischen Kanalisationsdeckeln skeptisch, sie misstraut auch den ukrainischen Nahrungsmitteln. Hat sie den Verdacht, dass ich etwas Verdorbenes gegessen habe, steckt sie mir ihren Finger in den Hals, bis alles in der Toilette landet. Ich leide ohnehin schon an einer entzündeten Bauchspeicheldrüse, mit Tränen in den Augen höre ich Damals-Mama sanft sagen: »Ich weiß, es ist hart, Zaja. Verzeih. Aber dir wird es viel schlechter gehen, wenn du es drin behältst. Es gibt keine andere Variante, glaub mir.«

Und ich glaube Damals-Mama. Anschließend kauft sie mir zur Belohnung meine Lieblingskaugummis, eine ganze Sporttasche voll. Die Kaugummis darf ich wegen der Pankreatitis nicht probieren, aber sämtliche Ninja-Turtle-Sticker darin gehören mir. Und das ist es, was wirklich zählt.

Also: Hol jetzt das Essen und die SIM-Karte und fahr dann zum Hirnchirurgen. Durchhalten. Eine andere Variante gibt es nicht. Mit den Einkäufen setze ich mich auf eine Bank vor dem Krankenhaus. Schräg links steht eine kleine, aber großspurig renovierte orthodoxe Kirche. Die Landsvögel zwitschern, die vorbeigehenden Landsleute knurren, ich rauche und schreibe Mutter. Schicke ihr ein Foto der Diagnose, inklusive des E-Worts, das mir entfällt, sobald ich es nicht geschrieben vor mir sehe. Dann diktiere ich auf Russisch, dass bei Otez nun auch die Emotionen anschlagen. Sie weiß nicht, dass ich die Diktierfunktion nutze, und hat mich kürzlich gelobt, dass meine russische Rechtschreibung sich verbessert habe. »Ein Unterschied wie Himmel und Erde«, hat sie beiläufig bemerkt.

»Enzephalopathie! Dima, warum hast du mir das nicht gleich gesagt, du Einfallskeks!«

Einfallskeks?

»Und dann, Frau Doktor? Was hättest du dann von Leipzig aus gemacht? Du hast ja wochenlang nicht einmal seinen Schlaganfall bemerkt! Hauptsache, das Katzenhaus steht!«

»Das Haus sind wir sowieso bald los, mach dir keine Sorgen! Dein Vater hat hier Schulden hinterlassen, von denen ich keinen Schimmer hatte.«

Immer noch zwitschern die Landsvögel, immer noch knurren die Landsleute. Der erste Herbstwind streift die Stadt, und meine Angriffslust verfliegt. Was, wenn sie gar nicht so stark ist, wie sie scheinen will? Auch meine Mutter verstummt für einen Augenblick. Ein schier unsterblicher Hase hoppelt über unser Schlachtfeld.

»Zaja.«

Ich antworte nicht.

»Zaja.«

»Was?«

»Fahr zu Oksana, in die alte Wohnung, sie schuldet uns noch etliche Mieten. Die soll sie uns jetzt geben. Die Wohnung müssen wir schnellstmöglich verkaufen. Anders kann ich das alles hier nicht mehr zusammenhalten. Du solltest schon mal eine ukrainische Steuernummer beantragen. Und dich dringend mit Papas Auslandsversicherung in Verbindung setzen.«

Hirnchirurgie, ein weinender Vater, ein fremdes Land, unmerkbare Wörter, ukrainische Steuernummer, Wohnung verkaufen, Auslandsversicherung. Mir wird fast schwindlig vor Überforderung. Vor wenigen Tagen war ich mir noch sicher, dass mein erstes Staatsleben so gut wie abgeschlossen ist. Stattdessen sinke ich immer tiefer hinein. Und doch: Auf eine unverständliche Art ziehe ich Genugtuung daraus, dass nun alles von Heute-Dima abhängt und Heute-Mutter auf telefonische Berichte angewiesen ist.

»Okay.«

Mein Telefon vibriert, der Auslandsversicherungsagent. Seinem Profilbild nach zu urteilen, ebenfalls ein großer Liebhaber Sibirischer Katzen, was mich mittlerweile nicht mehr überrascht, zumal es Leipziger Familientradition ist, sämtliche Versicherungen bei einem russischen Agenten abzuschließen. Nennen wir ihn Herr Nasch, übersetzt: einer der Unseren. Herr Nasch ist ein grundsolider Versicherungsverkäufer. Dennoch gibt es wenige Dinge, die so unsinnig und kontraproduktiv sind wie das Engagieren eines russischsprachigen Versicherungsagenten in Deutschland. Auch Herr Nasch wird zu faul sein, Begriffe wie Rückstellungsbetragsstaffelung ins Russische zu übersetzen.

Herr Nasch erkundigt sich knapp nach dem Befinden meines Vaters. Und drängt darauf, dass ich sofort ein Formular ausfülle, das er mir gleich schicken würde, und wieder einscanne. Oje, so moderne Technologie dürfte im Krankenhaus Nr. 8 nur schwerlich zu finden sein. Es gibt dort nicht mal einen Wasserkocher. Erneut ist der Augenblick gekommen, meine Überforderung einzugestehen und die Familie um Hilfe zu bitten.

Tante Jana versteht nicht gleich, was ich will. Ich vermute, sie weiß gar nicht, was ein Scanner ist. Als sie es begriffen hat, führt sie mich humpelnd ins Büro der Buchhalterin des diagnostischen Zentrums. Auf dem Weg dorthin eine allzu nahe liegende Frage aufwerfend.

»Dimachka, warum seid ihr eigentlich hier? Ich verstehe schon, wegen der unbezahlten Krankenversicherung in Deutschland. Aber hätte es da nicht Kompromisslösungen gegeben? Dort gibt es doch alles.«

»Tante Janachka, selbst wenn ich noch heute alles abzahlen würde, die Bearbeitung dauert zwei Monate. Dann erst wäre mein Vater wieder normal versichert.«

Da rinnen kleine Tränen aus Tante Janas Augen.

»Was ist das denn für ein System, in dem ihr in Deutschland lebt? Wo man so gar nichts mit persönlichen Kontakten und ein wenig Geld regeln kann? Das ist doch unmenschlich!«

Liebe Landsleute daheim, jetzt haben Sie mit Ihren maschinell erstellten Unterschriften meine teure Tante zum Weinen gebracht!

Am Arbeitsplatz der Buchhalterin, den sie mir kurz überlässt, kann ich mir wiederum eine allzu nahe liegende Frage nicht sparen.

»Ljudmila, darf ich Sie etwas über Ihre Arbeit fragen?«

»Bitte.«

»Na ja, wie führt man Bilanz in einem Betrieb, wo offenbar alles über Bestechung funktioniert?«

»Ach, ich sitze hier in meinem Büro und kriege das alles zum Glück nicht so mit«, sagte Ljudmila etwas zu mädchenhaft lächelnd und mit klimpernden Wimpern.

»Hmm, okay. Aber die Zahlen müssen doch letztlich halbwegs stimmen. Sie bleiben ja real.«

Jetzt lächelt Ljudmila nicht mehr so mädchenhaft, eigentlich lächelt sie gar nicht mehr.

»Ich kalkuliere mit einer Dunkelquote von etwa fünfundzwanzig Prozent.«

Um zum Hirnchirurgen durchzudringen, muss ich mein Entdankungsmeisterstück abliefern. Eine Baustelle versperrt den Zugang zur Praxis. Aljona Igorjewna hat mir aber ausdrücklich diesen Arzt ans Herz gelegt. Fast eine Stunde lang suche ich vergeblich nach einem Weg hinein. Und entdanke schließlich einen Bauarbeiter dafür, dass er mich durch einen unterirdischen Gang ins Innere führt.

»Ich bin kein Hellseher. Ihr Vater muss schon selbst herkommen.«

»Sind Sie sicher? Ich habe doch die Befunde dabei. Könnten Sie …«

»Das ist kein konstruktives Gespräch«, schneidet der Hirnchirurg mir scharf das Wort ab. Und bedeutet mit dem Kopf, sein Büro wieder freizumachen. Ich entdanke mich, und er wirft unwillig einen kurzen Blick aufs MRT: »Ja, ganz schön zerlatschtes Gehirn dafür, dass er erst vierundsechzig Jahre ist. Mit einer OP ist da nichts zu machen.«

Diesen präzisen Behandlungsplan im Ohr, taumle ich hinaus. Und rufe Mutter an.

»Jetzt weißt du, was sowjetische Zustände sind. Für dich ist das neu, dass so mit Menschen umgesprungen wird. Wir kennen das schon lange.«

Genau, Mutter, warum fachsimpelst du nicht ein wenig darüber, dass ich nicht genug von Sowjetkiew weiß. Fantastischer Augenblick und superkonstruktiv.

»Hörst du dich eigentlich selbst reden, Vera? Verstehst du, in welcher Scheiße wir stecken?«

»Was willst du von mir? Dann hättest du ihn eben in ein besseres Krankenhaus bringen sollen!«

Wütend schleudere ich mein Handy in einen Busch, setze mich auf den Bordstein, um nicht umzufallen, und betrachte das MRT. Zwei leichtfertige, kindliche Kalbsaugen, die lustig und unsicher aus einem offenbar zerfallenden Organ lugen – die neurologischen Seelenstümpfe meines Vaters.

Oksana wartet schon in der Wohnung. Mit undurchsichtigem Gesicht, während ich die Räume fotografiere und ihr genau den Besuch abstatte, den sie noch vor wenigen Wochen umsonst befürchtet hatte.

Die Birken wogen immer noch die Zeit im Wind auf.

»Vielleicht ist es besser so. Vielleicht sollte ich ohnehin zurück zu meinen Eltern aufs Land ziehen«, sagt Oksana schließlich nachdenklich. »Bald kommt die Kälte. Und ich weiß nicht, ob ich noch einen Winter auf dem Markt aushalte.«

Und ich schaue wieder verlegen zur gebrochenen Bodenleiste.

Seit drei Wochen ist mein Vater im Stadtkrankenhaus Nr. 8. Er und ich sitzen im Aufenthaltsraum der neurologischen Station. In der Mitte ein Dutzend Topfpflanzen, rechts und links alteingesessene, gammlig braune Sofas. Das Prunkstück sind die Fenster. Nicht, weil irgendwas an ihnen besonders wäre, es sind stinknormale Fenster, aber sie öffnen sich zu freier, frischer Abendluft. Die einzige Möglichkeit hier, nicht Desinfektionsmittel und Darmdung zu atmen. Vater sitzt ohne T-Shirt da. – Vielleicht, weil er »jung und heiß« ist. Wahrscheinlicher, weil er sich vor dem Anziehen drückt. Er findet den linken Ärmel nicht, bleibt mit dem Kopf in der Öffnung stecken und baut unfreiwillig eine Art Menschenzelt.

»Ich habe dir doch gesagt, du sollst links anfangen, mit dem schwachen Arm«, habe ich ungeduldig gerufen und wollte Vater gerade brüsk anpacken, als die entnervten Frauen mich zurückhielten. Solidarisch flüsterten sie: »Das muss er jetzt selbst schaffen. So schwer es ist, nicht zu helfen. Halten Sie durch.«

Einen geliebten Menschen zu pflegen verändert. Aber an diesem Abend im Aufenthaltsraum sind wir beide ganz ruhig, fast in einem Zustand verbeulter Beseeltheit.

»Was macht eigentlich dein Freund, der Pirat?«

»Welcher Pirat?«

»Marquis.«

»Marquis?«

»Na, der Kater.«

»Ah, Kusan. Kusan liegt jeden Abend auf meinem Schoß. Wie kommst du denn auf Marquis?«

»Keine Ahnung.«

Warum auch immer, aber dieser imaginäre Kater namens Marquis lässt uns beide kichern.

»Und die andere?«

»Lusja?«

»Ja, Lusja.«

»Lusja kommt nicht mehr, seit sie sich um ihre Kätzchen kümmern muss.«

»Du und deine Katzen.«

Wieder lachen Otez und ich ein wenig schmerzhaft auf. Sehen, dass zwei Schwestern sich nähern, und verstecken hastig unsere Zimtschnecken samt Kefir. Denn eigentlich ist der Aufenthaltsraum kein Aufenthaltsraum, sondern die Rezeption, obwohl die Theke nie besetzt ist. Stattdessen sitzen die Schwestern bei offenen Fenstern und verschlossenen Türen dahinter, trinken Tee und essen Gebäck. Sie lassen sich nur mit mindestens hundert Griwna rauslocken. Manche kommen auch für fünfzig, wenn sie gut gelaunt sind. Nach drei Wochen verüble ich es ihnen nicht mal mehr. Ihr Monatslohn reicht kaum zum Leben, aber wenn sie die schwere Arbeit hinwerfen, können sie gar nicht existieren. Mit oder ohne Komikerpräsident. Diese ökonomische Gefangenschaft, die Siegerpose der Missstände, ist nicht leicht auszuhalten, liebe Landsleute daheim. Besonders jene von Ihnen, die meinen, faschistisch protestwählen zu müssen, weil es so krachend mit Deutschland bergab gehe.

Wenn die Schwestern doch mal unentgeltlich bei der Rezeption auftauchen, dann eigentlich nur zum Stänkern. Um einem beispielsweise das Scherzen oder das Essen hier zu untersagen. Sliji shabi, böse Frösche, nennt Vater sie ulkend und schiebt sich krümelnd ein Stück Zimtschnecke in den Mund, als sie wieder verschwinden.

»Joschik, es ist schön, dass du die ganze Zeit da warst. Dass wir das zusammen durchgestanden haben«, sagt er liebevoll und greift nach meiner Hand. »Zwischendurch war ich sicher, dass es hier zu Ende geht mit mir. Aber du hast mich rausgezogen.«

Der verbotene Aufenthaltsraum füllt sich mit seliger Stille. Nur der warme Spätsommerabend schöpfungssummt ein wenig in die neurologische Station hinein.

»Lumident, Dima, ich will zu Lumident!«

Heute-Papa macht sich über sich selbst und seine Sturheit lustig. Seine Art, um Verzeihung zu bitten.

»Papa, das war der schlimmste Tag in meinem ganzen Leben, nachuj.«

»Ich weiß.«

»Du alter Zahnfetischist, bljad.«

Ich habe meinen Vater in Kiew gerettet. Zumindest vor dem Ärgsten. Jetzt muss ich mir von Vera nicht mehr anhören, wie Kiewer Torte zu schmecken hat.

Umso überraschter bin ich deshalb von dem, was ich als Nächstes sagte.

»Und morgen kommt endlich Mama.«

Ebenso untypisch die verhaltene Reaktion meines Vaters, des unbeugsamen Liebeslobbyisten für Vera.

»Ich frage mich, warum sie überhaupt noch kommt.«

»Freust du dich denn gar nicht?«

»Ich weiß es nicht.«

Nun, ich freue mich jedenfalls. Selbstredend ist es keine reine Freude. Eher eine fatalistische. Endlich kann ich sie zur Rede stellen, ihr meine Pein vor die Füße werfen und ihr fest in die fremd gewordenen, eigenen Augen blicken.

Wutwelle zu Schonstaub

Wenn gleich die automatische Glastür aufgeht, wird meine Mutter heraustreten. Auch sie ist in eine Ukraine-Airlines-Maschine gestiegen. Dass ich sie abhole, soll kein Willkommen, sondern eine Machtdemonstration sein. Ich habe dem Uber-Fahrer viel zu viel Geld gegeben, damit er draußen wartet. Nur um gleich breitbeinig ansagen zu können, dass das Auto bereitsteht. Kiew-Komplex? Von wegen. Ich bestimme jetzt, wo es langgeht, Kiew ist nicht Katzastan. Im schwersten Moment habe ich die Zügel in der Hand behalten, um Vater aus dem Elend zu ziehen, in das sie ihn und somit auch mich manövriert hat. Wobei es mich fast mehr Kraft gekostet hat, meine Wut auf Heute-Mutter im Zaum zu halten, als die eigentliche Katastrophe im Krankenhaus zu bewältigen.

Doch als die Glastür aufgeht, erscheint eine ängstlich umherblickende, furchtbar blasse Frau, die mehr wankt als läuft und einen Arm um ihren Bauch gelegt hat, als müsste sie sich selbst festhalten. Die gelblich grauen Haare hochgesteckt, sodass Veras langsam einfallende Wangen blankliegen. Kühl sind sie, wie ich beim kurzen Kuss darauf spüre.

Jene gigantische Wutwelle, mit der ich meine Mutter treffen wollte, zerbröselt zu Staub. An ihre Stelle tritt das Gefühl, dass ich diese traurige Figur vor dem Zerfall bewahren muss.

Vielleicht, denke ich, ist dieser Augenblick am Flughafen Kiew ein Wendepunkt? Ein Punkt, an dem wir uns endlich wirklich begegnen, umarmen und verzeihen können. Getrennt gelitten haben wir beileibe genug.

»Gut, dass ich Priority gebucht habe, Dima. So musste ich nicht extra für den Koffer zahlen.«

»Das ist gut. Wenn du willst, können wir dir gleich hier eine SIM-Karte kaufen. Kostet fast genauso viel wie in der Stadt.«

Nein, das ist nicht der große Wendepunkt. Nicht mal eine kleine Biege.

Dem Uber-Fahrer gab ich nicht nur zu viel Wartegeld, um vor meiner Mutter gut dazustehen. Mir sagte auch zu, dass er taubstumm ist. Das heißt, zuerst irritierte es mich, weil er so gar nicht auf die Regierung fluchte. Was für ein Grobian, prellte mich einfach eiskalt um meine ukrainische Rage-Massage. Ich suchte also selber Augenkontakt und sagte: »Was für ein wunderbarer Tag, um das Justizministerium abzufackeln, finden Sie nicht?«

Der junge Mann mit schwarzem Flauschbart nickte, lächelte apologetisch und klopfte sich auf die Brust. Und ich verstand, dass er sehr wohl auf die Regierung fluchte. Ungehört. Und sollten Mutter und ich uns gleich anbrüllen, hätte er trotzdem seine Ruhe.

Doch nun sitzen wir schweigend auf der Rückbank, inmitten von aufgewirbeltem Schmerzstaub. Ein auf die Regierung schimpfender Fahrer wäre eine willkommene Ablenkung. Wobei die Wortlosigkeit nicht mal das Bedrückendste ist. Die Grenzmauer zwischen Mutter und mir steht höher denn je und bestimmt unsere ganze Körpersprache. Es ist, als würden wir einander die unmittelbare physische Existenz kaum einräumen können. Vorbei zieht währenddessen eine Stadt, die längst in der Vergangenheit zu liegen scheint.

Wie schon gesagt, liebe Landsleute, Proskofja Mechalowna und Vera Mechalowna konnten wegen allem und nichts Krieg führen. Selbst ein zauberhafter Regenbogen vor dem Fenster hätte ein Anlass sein können. »Das ist ein Gulag-Regenbogen«, hätte Proskofja Mechalowna gepoltert, und Vera hätte allen Ernstes argumentativ dagegengehalten, während Otez versucht hätte, auf seine Art zu schlichten: »Freunde, wozu der Konflikt? Jeder Regenbogen ist bekanntermaßen Eigentum von Microsoft.«

Wobei, meistens spurtete er einfach in mein Zimmer, wo Marta, der Hund und ich uns bereits in Sicherheit gebracht hatten. Gemeinsam warteten wir ab, dass »die Schlacht der eisernen Kanzlerinnen« (Otez) geschlagen war. Teller flogen, Wände zitterten. Irgendwann saßen beide schweigend da und rauchten. Manchmal weinte eine eiserne Kanzlerin. Selten beide.

Was ich jedoch in all den Jahren nie beobachtete, war eine Geste der Versöhnung. Eine Umarmung, Zärtlichkeiten, wenigstens ein paar warme, zugestehende Worte. Mutter und Tochter verharrten nur reglos auf ihren Plätzen, als stünde, ja, eine unsichtbare Grenzmauer zwischen ihnen. Dabei hätte jede von ihnen beinahe alles für die andere getan. Alles außer einem: Gefühlsgebiete abtreten, vermeintliche Schwäche zeigen.

Ich glaube, meine Großmutter hat meiner Mutter nur beigebracht, wie man die Grenzmauer errichtet. Nicht aber, wie man sie einreißt.

Und nun stehen wir beiden vor diesem massiven Familienerbstück.

»Seltsam, dass die Stadt sich kaum verändert hat. Alles sieht genauso aus wie damals. Das ist die Klinik, in der du und Tonja geboren wurdet«, sagt Mutter, als wir den Sewastopolska-Platz passieren.

»Ich weiß. Ich war neulich hier. Schau mal, jede Etage, jedes Fenster ist irgendwie anders verbaut. Das ist bei vielen Gebäuden in Kiew so. Jeder muss sehen, wo er bleibt.«

»Nein, das ist nur die Grundstruktur. Das wird noch alles vereinheitlicht.«

Natürlich weiß Vera auch das auf Anhieb besser. Und doziert eine Weile über bauliche Vorgehensweisen und Fassadentypen. Ich glaube, sie hat noch nicht realisiert, dass sie wieder in der Ukraine ist. Ich würde eine Million Entdankungen wetten, dass an dieser Geburtsklinik so bald nichts vereinheitlicht wird. Aber wir haben ohnehin ganz andere Fassaden, über die zu reden wäre. Kurz gifte ich ein wenig wegen Katzastan, aber aus Staub lässt sich kein Schwert schmieden. Es wird ein weiter, grabesstiller Weg zum Stadtkrankenhaus Nr. 8.

In der Notaufnahme liegt ein verwahrloster Mann mit blutigem Verband um den Kopf. Als wir vorbeigehen, fängt ein Arzt an, auf ihn einzuschlagen. Meine Mutter zuckt erschrocken zusammen.

»Willkommen im Kiewer Stadtkrankenhaus Nr. 8«, sage ich, anstatt dem schutzlosen Mann zu helfen. Meinen Vorsprung in Heute-Kiew zu demonstrieren ist mir absurderweise wichtiger. Als wäre es eine Leistung, sich an ein kaputtes Umfeld angepasst zu haben und dessen Ausfälle zynisch zu verlachen. Manchmal denke ich, dass meine Eltern mir genau deswegen einen Kiew-Komplex angedreht haben. Weil sie nachträglich klarstellen wollten, welch enorme Errungenschaft ihrerseits es war, in der Ukraine zu funktionieren und sogar den Sprung aus ihr heraus zu vollbringen. Einen offiziellen Orden gibt es für so was ja nicht.

Otez liegt inzwischen in einem anderen, ruhigeren Zimmer, dem Herrn sei es entdankt. In diesem stehen zwar auch sechs Betten, aber die Patienten sind stabiler, dürfen sogar abends heim. So kommt es, dass wir einen stillen Raum betreten, in dem Otez allein und zusammengerollt unter einem Nachtlämpchen kauert.

Vera und Leonid geben sich einen Kuss auf die Wange.

»Ljonichka.«

»Verachka.«

»Ljonja, wieso sind denn deine Medikamente in alle Himmelsrichtungen verstreut? Müssen die MRT-Aufnahmen auf dem Boden liegen, machst du so gern neue? Was ist das für ein Chaos hier? Der Kefir auf der Kommode kippt gleich um. Bljad, Kapitelman! Und zieh dir doch mal ein Futbolka (T-Shirt) an!«

Ich setze mich auf das Bett daneben und betrachte das altbekannte Schauspiel mit etwas Abstand. Und einem kleinen, unverhofften Seligkeitszucken in der Brust. Zorn oder nicht, Kiew oder Katze, es tut gut, die beiden wieder vereint zu sehen.

Otez würde jetzt gern den Lebemann der neurologischen Station mimen, wirkt aber überfordert von Veras Ankunft. Kein Sowjetspruch will aus der Datenbank laden. Und das Futbolka nicht über seinen Kopf. So steht er wieder als Menschenzelt im Raum. Warum ist er heute so desolat? Gestern schien er doch noch viel gegenwärtiger.

Als nichts mehr um Leonids Bett und seine Kommode zu ordnen ist, setzt sich Vera ans Bettende. Die Hände amtlich zur Merkelraute geformt.

»Also, mein Teurer, wie fühlst du dich?«

»Normalno.«

Außer uns gesprochen: *Normalno* ist vielleicht das mehrdeutigste Wort der russischen Sprachen. Wenn eine Osteuropäerin beispielsweise sagt: Ich habe zwanzig Jahre lang mit dieser Kollegin gearbeitet. Sie ist ein normaler Mensch. Dann klingt das vielleicht schmallippig, ist aber tatsächlich als höchste soziale Anerkennung zu verstehen. Eine Art Orden. Denn es ist nicht leicht, ein normaler Mensch in einem unnormalen System zu sein. Gleichzeitig kann mit *normalno* aber auch gemeint sein, dass gar nichts gut ist. Und dass selbst die Frage danach außergewöhnlich überflüssig war.

»Normalno. Sie hat gesagt, dass ich darf.«

»Wer ist sie? Und was darfst du?«, stutzt Vera. So unpräzise Sätze ist sie von Leonid nicht gewohnt.

»Na also s…sssie, die Ärztin.«

»Was hat die Ärztin gesagt, was darfst du?«

»Ich darf gehen.«

»Das ist nicht das, was Aljona Igorjewna gesagt hat«, korrigiere ich von der Seite.

»Sie hat gesagt, dass ich zum Spazieren rausgehen darf.«

Vater versucht, der ärztlichen Weisung etwas Witziges hinzuzufügen. Aber die Worte weigern sich zu folgen. Mit den kindischen Kalbsaugen kullert er herum, um uns die Pointe unterzujubeln. Erschrocken schaut Mutter zu mir, und ich bestätige ihr wiederum mit meinen/ihren Augen, was nunmehr normalno ist.

Um Mutter und mich liegt Nacht und Wald. Wir sind unterwegs auf den Landstraßen zu Zoja und Andrej, wo die Landsleute die Glühbirnen aus den eigenen Laternen stehlen – sie auf ihrer, ich auf meiner Seite der Grenzmauer.

Halbgar und mit gedämpfter Stimme erhebe ich ein paar Vorwürfe. Dass sie Otez in diesem Zustand fliegen ließ.

»Was glaubst du, wie oft ich mir seitdem die Ellbogen deswegen zerkaut habe«, entgegnet meine Mutter. Ich höre diese russische Redewendung zum ersten Mal, verstehe aber die Reue darin. Natürlich wollte sie das alles nicht. Aber dennoch.

»Ich weiß, was unaufhaltsamer Regress bedeutet. Ich habe es bei Tonja gesehen.«

»Aljona Igorjewna sagt, er könnte sich innerhalb eines halben Jahres wieder vieles zurückholen. Wenn er will.«

»Ich fürchte, er will gar nicht mehr, weil die Krankheit schon seine Persönlichkeit verändert. Hoffen wir auf das Beste und bereiten uns auf das Schlimmste vor.«

Die Sätze an sich stimmen, aber alles andere an diesem Grenzgespräch ist falsch. Wo geteilter Schmerz sein müsste, ist nur Gefasstheit. Keine Umarmung, keine Zärtlichkeit, nicht mal ein paar tröstende Worte. Mutter und Sohn verharren reglos auf ihren Plätzen. Dabei würden die Kanzlerin und das Kanzlerinnenkind beinahe alles füreinander tun.

Wie ohnmächtig können Gefühle sein? Ich weiß nicht, was es ist, das mich diese Grenzmauer zu meiner Mutter nicht überwinden lässt. Zu anderen Menschen stelle ich sie fast nie auf. Oder höchstens kniehoch. Die wirkliche Kiewer Machtdemonstration wäre gewesen, sie endlich einzureißen. Den ganzen Komplex, auf dem sie stand. Aber etwas in mir sperrt sich. Weil ich es schon oft versucht habe und Heute-Mutter dann auf meiner Seite umhertrampelte, wie es ihr beliebte.

»Gott, was für ein Geschmack! Endlich echtes Salo!«, stöhnt Vera bei Zoja und Andrej. Sie kann das, aus dem Abgrund zum Abschmecken springen. Das überlaute Konzert im Fernseher, meine Mutter erkennt Interpretin und Lied.

»Die Pugatschowa singt immer noch. Schau, Dima, fünfundsechzig Jahre und trotzdem noch auf der Bühne!«

Mich beruhigt, dass sie trotz allem bereit ist, sich von solchen Banalitäten die Augen bunt blinken zu lassen. Die Pedisjatochkas bechert meine Mutter in schwindelerregendem Tempo weg. Sodass auch ich mich irgendwann dem milden Flüstern des Glases überlasse und die Glieder ausstrecke. Was für eine Komödie mein kleines Kiew-Aufgepluster heute doch war, denke ich und höre Vera just in diesem Moment zu Zoja sagen: »Dima versteht das ja nicht, der ist Deutscher.«

Vielleicht, weil ich die Zunge in Aspik nicht probieren mochte. Oder den dämlichen Sowjetschlager mit Technobeat nicht beachtet habe. Deshalb bin ich Deutscher. Es geht nicht um die Sache selbst, liebe Landsleute daheim. Ich bin Demokratiedeutscher, deshalb bin ich ja überhaupt hierher nach Kiew gekommen. Aber der abwertende Ton und das Urteilsgesicht meiner Mutter – sie verletzten mich so. Ihr Exklusivrecht, ein Urteil zu sprechen. So grausam geringschätzig wie schon vor zwanzig Jahren.

»Der ist Deutscher. Und bald hat er es auch schwarz auf weiß«, wiederholt sie. Warum jetzt, in diesem Moment? Was spielt unsere Nationalität an diesem Tag für eine Rolle? Warum kann ich nicht einfach ihr Sohn sein?

Heute-Mutter lässt die gefallenen Worte achtlos liegen und geht auf die Terrasse rauchen. Ich spanne vorsorglich noch etwas Stacheldraht über meine Grenzmauer. Und warne mich selbst davor, die letzten Jahre zu vergessen, bei allem Bedürfnis nach Frieden, bei allem Mitgefühl für diese arme Frau.

Bald bekomme ich aber große Lust, ihr hinterherzugehen und mein neues Laster zu präsentieren. »Zigaretten«, registriert Vera mechanisch, als ich am Stäbchen ziehe und exhaliere. Mehr nicht. Sie streichelt Kusan auf ihrem Schoß. Treuloser Kuschelparasit!

Als hätte er meinen Vorwurf gehört, springt Kusan auf und rennt schnurstracks zu mir.

»Er bevorzugt dich.«

Der gefragtere katzachische Botschafter, was für eine Ehre.

»Vielleicht ist er ja germanophil, Mama.«

Zoja kommt ebenfalls heraus.

»Zoja, Kusan hat eine Zecke am Ohr«, mahnt Mutter.

»Ach ja?«

»Und sein Schwanz ist möglicherweise verstaucht.«

»Vera, die Viecher haben oft was. Streunen den ganzen Tag rum. Klettern, kämpfen, bumsen.«

»Ich weiß, welches Gel ihr kaufen müsst, damit das Ohr sich nicht entzündet. Ich zeige dir gleich, wo man das bestellen kann.«

»Vera, der Kater rennt schon Ewigkeiten hier rum, wir waren noch nie beim Arzt mit ihm, und nichts Schlimmes ist passiert. Der kommt klar.«

Zoja wirkt genervt von der katzachischen Interessenspolitik in ihrem souveränen Stück Silo.

»Zoja, nur ein bisschen Gel. Damit die Entzündung nicht fortschreitet und das Tier nicht leiden muss.«

Ich verspüre den Impuls, meine Mutter anzubrüllen. Und zwar so laut, dass die Dorfhunde ringsherum noch die halbe Nacht bellen.

BIST DU ALLEN ERNSTES HERGEKOMMEN, UM NOCH MEHR KATZEN ZU PFLEGEN, HABE ICH GEFRAGT?!

Nein, zu Staub ist die Wutwelle nicht zerfallen. Ärgerlich ist auch, dass Kusans Ohr tatsächlich geschwollen ist. Friedrich Merz hat offenbar nur die Beraterprovision kassiert, ohne dem Armen zu helfen.

Meine Mutter kann nicht verstehen, warum niemand etwas unternimmt. So ist sie nun mal. Genau wie sie einfach nicht nachvollziehen kann, wieso jemand Arbeit schlecht erledigt, wenn man sie auch gewissenhaft erledigen kann. In exakt diesem von Ignoranz und Fahrlässigkeit gekränkten Ton hörte ich sie oft sagen: »Ein so reich beschenktes Land wie die Ukraine kaputt zu stehlen, das schaffen wirklich nur die Ukrainer! Wie konnte hier nur alles so vor die Hunde gehen?«

Ich betrachte sie eine Weile in ihrem ehrlichen Entsetzen und vergesse den Zorn. Schleiche mich stattdessen einfach still zum Schlafen. Insgeheim hoffend, dass Mutter für Kusanchik einfach eigenmächtig Medizin kauft. Ist doch wahr, wieso soll er denn unnötig leiden?

Ein denkwürdiger Tag zum Vergessen

Vera und ich haben Formalien vom Himmel zu holen. Mit Hochgeschwindigkeit, denn Tonja benötigt meine Mutter wieder in Leipzig. Sobald Heute-Mutter das Erbe an der alten Wohnung schriftlich erneuert hat, wird beim Notar alles auf mich überschrieben. Und Heute-Dima steigt zum Kiewer Vergangenheitsmakler auf. Warum die Bodenleiste im Wohnzimmer denn gebrochen ist, könnte bald eine feilschende Landsfrau fragen. Weil sie die Wahrheit birgt, werde ich werben. Mit so viel Selbstverständlichkeitssingsang in der Stimme, wie ich bis dahin sammeln kann. Ob denn der alte Teppich vor dem Einzug entsorgt wird, höre ich schon einen skeptischen Landsmann sichergehen. Aber, mein guter Mann, wer wird denn gleich entsorgen? Dieser Teppich ist an das Beste im Menschen geknüpft!

Ja, okay, die Landsleute hier kennen den Ausdruck *entsorgen* überhaupt nicht. Ja, ich flüchte mich in Sprachspielereien. Weil mir die Kraft für diesen Behördentag mit meiner Mutter in Kiew fehlt. Möglicherweise ist es auch mangelnder Wille, nicht Kraft, falls sich das trennen lässt. Vielleicht will ich die Vergangenheit gar nicht mit ihr zusammen veräußern, um Katzastan zu retten. Denkt meine Mutter wirklich, sie kann sich jetzt als große Schicksalssaniererin aufspielen?

Schroff vom kurzen Schlaf und gestrigen Schnaps stampft sie vorbei. Sucht nach ihren Marlboro Gold. »Mach dich fertig, wir müssen gleich zum Finanzamt« brummend, obwohl sie gerade erst aufgestanden ist und ich schon angezogen bin. Ich spiele mit den drei Derwischen auf dem Wohnzimmerboden und diskutiere mit ihnen über deutsche Politik. Die deutschen Vokabeln sind wie ein Verband, der mich vor diesem Tag schützen soll.

»Wehe, ich erwische einen von euch drei Scheißern im Aufsichtsrat der Deutschen Bank! Nix da von wegen, der Siegmar darf doch auch. Ihr seid sozialdemokratische Zwergterrier. Merkt euch das! Das gilt vor allem für dich, Raffaela!«

Vera tritt auf die Terrasse und zieht so gierig an ihrer ersten Zigarette, als wäre sie ein Beatmungsgerät. Ganz und gar farblos steht meine Mutter in Marlboro-Qualm und Morgennebel. Ob sie sich manchmal fragt, in welchem Licht ich mich an sie erinnern werde? Den Tag über wird sie die reine Rationalität sein. Wie üblich. Und sich jeder Hürde stellen. Dem Finanzamt, den Stadtwerken, etlichen Notaren. Resolut, weil es keine andere Variante gibt. Und bevor sie alles Notwendige erzwingt, belädt sie sich ebenso kompromisslos mit Gift. Selbstlos und selbstsüchtig, wie nur sie es sein kann.

Zum Finanzamt, wo wir Steuernummern aus einer Wolke würgen wollen, nehmen wir die Metro. Kaufen Plastikjetons für fünf Griwna und stellen uns auf die Stillstandsrolltreppe. Als Kind kamen mir diese wandelnden Treppenteppiche unendlich vor. Der Geruch der Gleise ist noch genau der gleiche. Die hohen, gewölbten Gemäuer über allen Köpfen, der Hall. Ohne die Heldenplakate ukrainischer Soldaten, die gegen Russland kämpfen, schiene alles unverändert. Während wir Stufe um Stufe in die Station einsinken, steigt eine Erinnerung auf.

»Zaja, pass auf. Der Mann ein paar Stufen über uns fällt bestimmt gleich um. Nicht dass er dich mit runterreißt.«

Mama deutet auf den wacklig dastehenden Djadja. Also

passe ich auf. Bis ich nicht mehr aufpasse. Und stattdessen zu den schön schimmernden, langen Lampen schaue, an denen wir vorbeigleiten. Wie lange Stöckchensterne strahlen sie aus dem Streifen zwischen den Menschen, die sinken, und denen, die aufsteigen. Immer wenn ich Lampen ansehe, muss ich irgendwie an Essen denken. Vielleicht, weil ich immer hoch zu unserer Lampe gucke, wenn wir wieder etwas Verdorbenes loswerden, was ich gegessen habe. Ich frage mich ja, wo das Essen hingeht, das man nicht mit dem Finger rausholt. Wenn man beispielsweise meinen Bauchnabel aufknöpfen würde, käme dann alles, was ich je gegessen habe, wieder raus? Würde es sich bis zur Decke türmen? Und Tonjas Essen? Das wäre wahrscheinlich nicht so ein Problem, das wird ja vorher schon für sie weich gematscht.

»Zaja! Vorsicht!«

Mama schnappt mich mit einem Ruck am Kragen und zieht mich zur Seite, als der Mann wie eine Schneeballlawine an uns vorbei die Rolltreppe runterdonnert.

»Hanurik!«, schimpft sie ihm hinterher.

Hanurik ist nicht nett gemeint, das weiß ich. Das sagen Mama und Papa zu den vielen Djadjas und Tjotjas bei uns im Hof, die jeden Abend sehr, sehr gute Laune haben und auf den Holzbänken vor dem Kiosk viele Glasflaschen austrinken. Am Morgen haben sie dann immer sehr, sehr schlechte Laune. Außerdem riechen sie so, als hätten sie eine giftige Kröte verschluckt, und sprechen auch ganz heiser. Und in letzter Zeit fangen sie oft schon mittags mit der guten Laune vom Abend an. Manchmal trommeln sie an unsere Tür und wollen Geld geliehen haben.

»Vorsicht, Mama, ein paar Stufen über uns steht ein Hanurik. Nicht dass er dich mit runterreißt.«

Ich lächle Heute-Mutter an, die angespannt eine Dokumentenmappe an ihre Brust presst und sich besorgt umschaut. Kurz und zaghaft ist mein Lächeln. Und ihres, meine Erinnerung erwidernd, auch.

Im Wartesaal des sehr aufgeräumten Finanzamtes steht auf unschuldig weißem Boden eine kleine Pflanze. Wie Schilf sieht sie aus, nur salonreifer. Salonreifer Steuerschilf, engagiert grün und hoffnungslos. Rechts von Schalter 1 hängt ein Fernseher an der Wand. Ein Sketch läuft: Etliche ukrainische Minister raufen sich zum Krisentreffen zusammen, um zu eruieren, wie sie die Massenemigration aufhalten können. Und während sie die Fakten besprechen, seilt sich ein Minister nach dem anderen selbst ins Ausland ab. Wie ich mich mit meiner Aufmerksamkeit schon wieder in Wortspielchen und Nebensächliches zurückziehe. Gestern wollte ich meiner Mutter noch krass Kiew-kompetent erscheinen. Sabotiere ich diesen Tag? Ukrainische Steuernummern bekommen wir trotzdem.

Unser nächster Uber-Fahrer spricht nicht und hört scheinbar auch nichts. Merkwürdig. Mit fast liebenswerter Naivität fragt meine Mutter: »Dima, sind alle Fahrer von deiner App taubstumm?«

Bei den Stadtwerken, keine zehn Minuten von unserer alten Wohnung entfernt, will sie überprüfen, ob Oksana wirklich die Nebenkosten für Wasser und Strom gezahlt hat. Mit Rückständen darf in der Ukraine keine Wohnung auf den Markt. Überhaupt scheint es in diesem korrupten Gemeinwesen recht kompliziert zu sein, etwas legal zu verkaufen. Oksana hat mir erzählt, dass sogar das Gesundheitsamt konsultiert gehört. Die prüfen die Räumlichkeiten auf Spuren von Krankheitsfällen mit pandemischem Potenzial. Klingt ein wenig weit hergeholt. Aber alles in allem traue ich Oksana.

»Oksana hat gesagt, dass sie alles abgezahlt hat. Und ich glaube ihr. Oksana ist eine normalnoja Frau, Mama.«

»Na ja, werden wir ja sehen.«

Unglaublich eigentlich, dass meine Mutter, die alles und jeden in Frage stellt, ausgerechnet Vera heißt, *Glaube*.

Wir gelangen zu einem kleinen, graffitibesprühten Quader aus beigen Kommunalkacheln. Und grauen Kommunalkacheln und braunen Kommunalkacheln – ein Kiewer Kommunalwerk muss sehen, wo es bleibt. Zwei vergitterte Fenster. Die Feuerleiter des vielleicht drei Meter hohen Häuschens ist gefühlt massiver als das Gebäude selbst. Wir öffnen die schwerfällig krächzende, durchgerostete Tür, die auf halber Strecke im Schlamm stecken bleibt. Betreten einen schmalen Gang mit vergammeltem roten Teppich. An den Wänden vergilbte Aushänge mit winziger Schrift. Doch selbst in dieser Bruchbudenbehörde hängt ein großer Fernseher in der Ecke. Selbstverständlich nicht Informationen anzeigend, sondern alten Klamauk des Komikerpräsidenten. Als Juroren sitzen er und ein zweiter Lachverständiger in knallroten Ledersesseln. Kandidaten stehen vor ihnen und bekommen eine Minute, um Witze zu erzählen. Lachen der zukünftige Komikerpräsident und sein Kollege, bekommen die Kandidaten Geld. Und noch eine weitere Minute. Mein Eindruck ist, dass der zukünftige Komikerpräsident eher gewillt ist, den Landsleuten etwas Gutes zu tun, als sein Kollege.

»Heute nicht«, sagt die Beamtin.

»Aber Ihre Öffnungszeiten …«, stammelt meine Mutter.

»Heute nicht.«

Ich warte darauf, dass Heute-Mutter die Zähne fletscht, sich stark macht, so wie früher. In meiner Erinnerung lässt sie sich so etwas nicht bieten. Jetzt kann sie ihrem germanischen Grätenjungen zeigen, wie man solche Sachen klärt in

Kiew. Aber Vera blickt nur hilfesuchend zu mir. Und mein hastiger Versuch, die Verwalterin zu entdanken, verfängt auch nicht. Stattdessen steht sie auf, führt uns bestimmt und unfreundlich hinaus und schließt das Büro hinter sich ab. Im Flur warten vier ältere Frauen und rufen fast einstimmig: »Wir sind hier wegen dem Warmwasser. Sagen Sie bitte, ist es schon zu spät, den Anschluss für warmes Wasser zu beantragen?«

»Heute nicht.«

»Aber es stand doch …«

»Nein. Schluss!«, sagt die Beamtin, schlurft zum Fernseher, legt eine Hand auf dessen Rückseite, um ihn auszuschalten. Und hält dann kurz inne – beschleichen sie etwa Skrupel, so mit den Landsleuten umzuspringen? Ja. Sie sollen wenigstens noch sehen dürfen, ob der Komikerpräsident über den nächsten Witz des Kandidaten lacht. Nein, heute nicht. Er blickt mit einer Mischung aus Spott und eingefrorener Gönnerhaftigkeit zu seinem Kollegen. Eine laute Sirene schallt durchs Studio, und das Punktekonto des Kandidaten plumpst auf null.

»Was machen wir jetzt?«, frage ich, als wir wieder draußen vor der Tür stehen. Doch Vera sieht so ratlos aus wie ich. Wir haben sogar fast das Gleiche an, blaue Jeansjacke, schwarze Jeans.

»Scheint so ein Tag zu werden, an dem wir es besser machen wollen, und am Ende ist alles wie immer.«

Aber die Tage waren nicht immer so …

Damals-Mama und ich sagen Tschüss zu Oma und Tonja und gehen noch ein wenig spazieren, bis Papa vom Business kommt. Es ist ein warmer Sommerabend, und ich hätte gern ein Schokoladeneis mit extra viel Schokostreusel.

»Kannst du haben, aber nur eine kleine Ameisengasse Schokostreusel, hörst du? Denk an dein Bauchweh«, mahnt Mama und streichelt mir den Kopf.

»Laufen Ameisen auf Schokoladenstraßen?«

»Nein, Zaja, das ist nicht wörtlich gemeint.«

Bis zum Krechatik schlendern wir, wo alle schlendern und niemand es je eilig hat. Hier ist die Welt in Ordnung, weil keiner auf Ordnung besteht.

»Hör dir das an, Zaja, ist das nicht unglaublich schön?«

Mama eilt mit fasziniertem Gesicht zu einem Saxophonspieler, schenkt ihm Geld für seine Musik, und wir bleiben ein paar Minuten bei ihm stehen, lauschend. Mama schaut nach oben, als würden seine Melodien sich dort zu etwas Grandiosem versammeln. Dann legt sie ihm noch einmal Geld in die abgenutzte Saxophontasche. Wenn ich groß bin, will ich Musik und überhaupt alles so sehr genießen können wie Mama.

Wo ist dieser glückswillige Mensch hin, frage ich mich, als wir am Basar der untoten Blumenschürzen vorbeilaufen. Wo ist die Freude meiner Mutter hin, ihre Hoffnung? Wo ist die Hoffnung dieses ganzen Landes hingefahren? In die höheren Stockwerke des Hotel Ukraina? In andere Länder? In die USA, nach Europa, nach Israel, nach Katzastan? Was geht es mich an. Ich muss nur die Vergangenheit veräußern, für mindestens fünfzehntausend Euro. Und zwar schnell, Geld hat nie Zeit.

»Die Frist, um Ihr Erbe zu erneuern, ist abgelaufen«, stellt die Notarin nüchtern fest. Die Sekretärin im Empfangszimmer ist augenscheinlich ihre Tochter. Das Büro ist mit veralteten Wohnzimmermöbeln zugestellt. Vera bezweifelt offensichtlich, dass überhaupt eine richtige Notarin vor uns sitzt, ihre Augen suchen die Wände nach Zertifikaten ab. Aber es lässt sich unschwer heraushören, dass sie eine Frau vom Fach ist. Nicht mal Geld will sie für ihren Ratschlag, weil noch so viel zu tun sei, bevor sie uns wirklich helfen könne. Meine Mutter müsste einen neuen technischen Pass beantragen, damit ein weiterer Antrag gestellt werden kann. Etliche Apostillen, versteht sich. Dann eine offizielle Absage. Mit der offiziellen Absage zum Anwalt, der sie dann wiederum kontaktieren würde, damit sie als Notarin einen Folgeantrag stellen und die Formalien-Raumfahrt vollbringen könnte. Wobei ihre Provision und die des ukrainischen Staates nicht zu vergessen wäre. Pi mal Himmel geteilt durch die Hälfte des Verkaufswerts.

»Wobei, vielleicht ginge es doch schneller. Haben Sie denn die Sterbeurkunde Ihrer Mutter dabei?«

Vera wühlt in ihrer Mappe.

»Das gibt's doch nicht, das wichtigste Dokument, vergessen.«

Wenn überhaupt, dann veräußert die Vergangenheit heute uns. Meine Mutter und ich stehen am Sewastopolska-Platz, fünfundzwanzig Jahre schwirren schwer um uns herum. Die Sonne ist von den Formalien in den Feierabend gesunken. Die Lichter der Kioske beginnen zu blinken und überstrahlen die düsteren Klötze, in die sie eingefasst sind. Der Kreisverkehr kreist wie immer um sich selbst. Alle Himmelsrichtungen sind gleich kalt. Niemanden in der Welt bekümmert es, dass meine Mutter und ich unser bisschen verbliebene Kraft heute an den Barrieren der Bürokratie vergeudet haben.

»Wie konnte ich nur das wichtigste Dokument vergessen? Was bin ich für eine Kuh.«

Ich wollte, dass meine Mutter ihre Fehler eingesteht. Ich brannte darauf, dass auch sie krachend am Kiew-Komplex scheitert. Weil sie seit genauso vielen Jahren wie ich nicht mehr in der Vergangenheit lebt. Ich wollte, dass sie spürt, dass jeder Mensch nur sein kann, was die Zeit ihn sein lässt. Aber das hier ist es nicht, was ich im Sinn hatte. Das ist banale Bürokratie, die mechanisch zutritt, angeödet von der eigenen Macht. Ein denkwürdiger Tag zum Vergessen. An dem es wenigstens kein Verbrechen mehr ist, dass wir einander endlich Schwäche zeigen.

»Was für ein Land«, stöhne ich.

»Was für ein Land«, stöhnt Heute-Mama.

Wir schauen einander mit gleichen Augen an. Sie raucht ihre Schachtel leer. Ich habe zum ersten Mal seit langem keine Lust. Und schlage stattdessen ein kleines Steinchen aus unserer Grenzmauer.

»Vielleicht sollten wir noch Gel für Kusans Ohr kaufen? Dann hat dieser dumme Tag wenigstens noch etwas Sinn.«

Heute-Mama sucht mein Gesicht nach einer Giftgrube ab, entdeckt keine. Abgekämpft und mit einem Geschenkbeutel für Kusan – ein wenig Spielzeug und Snacks können auch nicht schaden – steigen wir wieder in eine Marschrutka und fahren zu Heute-Papa ins Stadtkrankenhaus Nr. 8. Das Sammeltaxi ist brechend voll. So kommt es in der Enge dazu, dass sich unsere Hände berühren. Durch die bröckelnde Grenzmauer hindurch.

Eine Familie auf dem Krechatik

Vorsichtig optimistische Sonnenstrahlen fallen ins Krankenzimmer. Vera sitzt mit einem Kreuzworträtselheftchen am Bettende, in der einen Hand einen Stift, die andere herrschaftlich in die Hüfte gestemmt. Ich sitze auf dem Nebenbett, ebenfalls knobelnd.

»Herrschaftsform, die durch unbeschränkte Macht einer Person gekennzeichnet ist. Neun Buchstaben. Komm, Ljonichka.«

Wie eine zärtliche Zange umschließen wir meinen Vater, ziehen an seinen Gehirnzellen, zerren ihn gegen die Zeit zu uns zurück. Durch Rätsel-Reha, wie von Aljona Igorjewna angeraten. Doch es scheint Vater nicht in die Gegenwart zu drängen.

»Ich darf keine Kreuzworträtsel am Sabbat machen.«

»Als ob! Du hast den ganzen Morgen an deinem Handy rumgespielt, Papa. Da war dir der Sabbat herzlich egal.«

Er deutet mit dem Kinn zur Lampe, als säße ein freundlicher Gott auf der Glühbirne der neurologischen Station im siebten Stock. Legt sich dann hin, dreht sich weg, stellt sich schlafend, setzt ein Scheinschnarchen auf. So ähnlich habe ich früher versucht, meinen Hausaufgaben zu entkommen, wenn Damals-Mama und Damals-Papa mich in die zarte Zange nahmen. Wir haben die Rollen getauscht. Jetzt ist er es, der die Fürsorge braucht. Und ich derjenige, der sie geben muss.

»Ljonja.«

»Ah.«

»Ich habe dich etwas gefragt.«

»Was denn?«

»Herrschaftsform, die durch unbeschränkte Macht einer Person gekennzeichnet ist. Neun Buchstaben. Beginnt mit D. Das weißt du.«

»Keine Ahnung. Ich bin müde. Morgen.«

»Gestern hast du auch schon gesagt, dass wir morgen weitermachen, Papa.«

»Ja, morgen. Ich will nicht.«

Und wenn er nicht mehr will, weil er wirklich nicht mehr kann? Heute-Mama und ich wechseln bange Blicke. Und bestärken einander, nicht aufzugeben. Ich weiß nicht, wann sie und ich das letzte Mal so einvernehmlich auf derselben Seite waren.

»Ja, es ist schwer, mein Liebster. Aber es gibt keine andere Variante. Lös wenigstens noch diese eine Zeile mit uns. Herrschaftsform, unbeschränkte Macht einer Person. Neun Buchstaben. Beginnt mit D.«

Eine Krankenschwester stolziert nach getaner Nachtschicht ins Wochenende. Auf hohen Stöckelschuhen und parfümiert, sodass der sorglos süßliche Duft ins Krankenkämmerchen driftet. Im gleichen Moment schellt die Glocke der kleinen orthodoxen Kirche im Hof, keinen Spaß duldend.

»Diktatura!«, schießt es aus meinem Vater.

»Klasse, Ljonichka!«

»Vatrrrtag!«

Heute-Mama trägt die neun Buchstaben geschäftig in die Felder ein. Ich wünschte, Frau Kunze würde mit dem Ausländicopter vorbeifliegen und sehen, wie wir mit Heftchen für sechzehn Griwna und russischen Vokabeln um meinen Vater ringen. Wie weit und widersprüchlich mein Weg zu ihrem

Büro wirklich war. Und wie demoralisierend es ist, eine Hürde nach der anderen in den Weg gestellt zu bekommen. Mein Wunsch, durch einen deutschen Pass Distanz von meinen eingewanderten Eltern zu erzwingen, scheint so absurd in diesem Augenblick. Verstehen Sie mich nicht falsch, liebe Landsleute daheim, die Einbürgerung ist mehr als begründet. Aber meine Gefühle dazu waren irregeleitet.

Dieser Samstag in Kiew ist jedenfalls der erste Tag seit langem, auf den ich mich gefreut habe. Denn heute holen wir die neuen Zähne meines Vaters ab. Dann ist das eingestürzte Greisengesicht hoffentlich Geschichte, und dieser ganze Alptraum mit ihm. Wie viel jünger Otez wohl aussehen wird, fünf, zehn, vielleicht sogar fünfzehn Jahre?

Statt der Gammelgaloschen zieht Leonid richtige Lederschuhe an, seine Füße sind nicht mehr so furchtbar geschwollen. Aljona Igorjewna sei es entdankt. Zum Parkplatz führt mein Vater uns über den kürzesten Weg, eine Bruchstelle im Gitterzaun. Nicht ohne einen gewissen Stolz über seine am Tropf akquirierten Ortskenntnisse. Noch halb im Gitter steckend, fragt er: »Wieso muss hier ein Loch sein? Wieso ist alles, was Ukraine ist, immer durch den Arsch gebaut?«

Nicht jedoch seine Zähne in der Allee der Stalingrader Helden. Lumident ist kompetent.

»Wow, so gute Zähne hatte dein Vater noch nie«, freut sich Vera, als Leonid aus dem Behandlungszimmer tritt.

»Jung und heiß bin ich. Wie ein Halbgott! Wenn du nicht aufpasst, reiße ich aus zu einer anderen!«

Sogar der junge Arzt kichert ein wenig über den Halbgott mit Vollprothese.

»Lächle noch mal richtig, Papa.«

Otez fletscht seine rechte Wange wie ein zubeißender Tiger. Richtig lächeln kann er mit dem neuen Gebiss offenbar noch nicht. Es sitzt zu wacklig. Auch beim Reden kriegt er den Mund nicht ganz auf, aus Angst, dass die wieder eingesetzte Zeit herausfällt. Aber sicher wird das alles, mit der Zeit.

»Dafür gibt es speziellen Leim«, meint auch Vera pragmatisch positiv. Was bei ihr fast schon euphorisch ist.

Draußen fasst Heute-Mama Heute-Papa rechts unter, ich stütze ihn links. Eine kleine, krumme, verzahnte, wunderschön gebrechliche Familienkette bilden wir. Vielleicht wird alles wieder gut. Und der Schlag des Schicksals auf dem Schemel, er war in Wahrheit nur ein wohlmeinender Stoß aus der Zerstrittenheit.

»Und jetzt? Möchtest du zurück in die Klinik, Papa? Wie geht es dir?«

»Im Grab habe ich deine Drecksklinik gesehen. Ich will nicht zurück zu den bösen Fröschen. Ich habe noch Kraft!«

So ganz nehme ich ihm die Kraftmeierei nicht ab, auch wenn ich es möchte. Und dennoch.

»Lasst uns noch etwas auf dem Krechatik spazieren gehen«, schlage ich vor.

Am Wochenende ist der Krechatik für Autos gesperrt. Feuerwehrwagen, Hüpfburgen, Blaskapellen, sogar eine Arena zum Wettsägen. Die große Bühne für die Beruhigungsbelustigung der Landsleute. Anfänglich sind wir etwas überfordert vom tausendfachen Treiben. Aber bald zieht es Vera in eine edle Kosmetikboutique. Und meinen Vater hypnotisieren sämtliche Schaufenster. Der Spekulationsschnüffelsinn schlägt an, auch wenn er nicht mehr rechnen kann. Besonders bei den strahlenden Auslagen mit Süßigkeiten. Er stellt sich so dicht davor wie nur möglich, als könnten die Torten dadurch in Ohnmacht und direkt in seinen Mund fallen. Früher wäre er hineingegangen und hätte gefeilscht. Hätte nachgefragt, von welchem Lieferanten sie denn ihre Ware beziehen, und diesen zügig ausfindig gemacht – heute geht er ohne erkennbare Rührung weiter. Eine seltsame Gestalt, mehr Geist als Gast. Einer, dessen Zeit vor unseren Augen abläuft, so sehr ich diese Gewissheit auch mit Zuversicht überdecken will. Wahrscheinlich stelle ich meinem Vater auch deshalb eine übergroße Frage, die ich schon beim Aussprechen bereue:

»Was willst du jetzt mit deinem Leben machen, Papa?«

»Ich?«

»Ja. Was willst du, wenn wir wieder in Deutschland sind?«

»Ich will, dass es allen Ljudi gutgeht«, antwortet er mit einiger Anstrengung.

Natürlich ist Otez von solchen Zukunftsrätseln überfordert. Ohne Hinweise auf Anfangsbuchstabe, Länge oder Kontext der waagerechten Lebenslösung. Wahrscheinlich wollte ich hören, dass er zurück in seinen Laden drängt. Dass er Enkel haben, Pilze einlegen, vielleicht sogar die Grenzen Katzastans neu verhandeln will. Am allerliebsten wäre es mir, wenn er mich für so eine pathetische Frage zum Narren hielte. Palavert, dass er jetzt groß ins Baustellenbusiness einsteigen und Traktoren aus Melonenkernen vertreiben werde. Oder die Katzen zu Beamten ausbilden lässt. Stattdessen dieser hagere Allgemeinsatz.

Seltsam auch Vaters Lauftempo. Gehen wir gemeinsam, schleicht er elend langsam. Aber sobald Vera und ich kurz nicht auf ihn achtgeben, reißt Leonid aus, und wir müssen ihn an der nächsten Ampel einfangen. Auf wirren Fluchtfüßen treibt es ihn um. Wie viel ist noch von meinem Vater übrig? Wir sollten diesen triumphal traurigen Tag festhalten. Ich drücke Landsleuten mein Handy in die Hand und bitte sie um ein Familienfoto.

»Leider ohne verrücktes Äffchen heute«, rufe ich. Vera versteht den Wink, Leonid die Welt nicht mehr. Ich erinnere ihn.

»Ach ja, ahahaha. Das Äffchen.« Sein spitzes Erinnerungslachen klingt gezwungen.

»Wir könnten auch zum Maidan, dort gibt es eine Ausstellung zur Revolution«, schlage ich vor. Und werde von Vera und Leonid dafür angeschaut, als hätte ich vorgeschlagen, Holz zu essen. Also spazieren wir bis zum Bessarabka-Basar, dort bleibt Vera an einem Fellmützenladen hängen. Probiert Modelle aus verknoteten Waldtoten an, die sich nur eine Osteuropäerin auf den Kopf setzen würde. Mir ist es dennoch eine Freude, meiner Mutter bei diesem extravaganten Unsinn zuzusehen. Eine eigenwillige Schönheit vergangener Tage, eine schöne Eigenwilligkeit, wie sie leibt und lebt. Ich schaue mich nach einem Saxofonspieler um, der noch einmal die Noten im Himmel sich vereinigen lässt. Und sehe Vater, der einen handelsmännischen Expertenblick aufsetzt. Und dann, nach vierunddreißig Jahren, suchen Vera und Leonid wieder zusammen Würzspeck in Kiew aus. Gerührt stehe ich zwischen Schlachtinnereien und blutigen Kacheln. So fremd, wie ein Mensch hier nur sein kann, so verwurzelt, wie ein Mensch hier nur sein kann. So traurig und so beseelt, wie ein Sohn mit zwei Staatsfamilienleben nur sein kann. Ich liebe diese verlorenste unserer Vergangenheiten, ich liebe Kiew. Wie schön es jetzt wäre, kaum groß genug zu sein, um auf die Fleischauslage sehen zu können. Klein und mit unendlichem Vertrauen zu warten, bis Papa und Mama Salo gekauft haben und mit mir weitergehen. Nur für eine Minute.

»Ich kann Ihnen das Salo auch schön luftdicht abpacken, gute Frau. Sie haben ja sicherlich einen weiteren Weg zurück in Ihr Land.«

Meine Mutter schaut erstaunt von den Salostreifen zur Verkäuferin auf. Dass man sie schlachtmesserscharf als Ausländerin aussortieren würde, damit hat sie offenbar nicht gerechnet. Später, auf dem Weg zu Proskofja Mechalownas alter Wohnung, ruft ein Mann mit ukrainischem Akzent »excuse me«, bevor er sie überholt.

»Das gibt's ja nicht. Schon das zweite Mal, dass ich für eine Touristin gehalten werde. Woran merken die das?«

»Wahrscheinlich an den Manieren«, gebe ich mit einer gewissen Genugtuung zu bedenken.

Vater wirkt ermattet von unserem Streifzug, aber auch stolz über das Salo, das er höchstpersönlich mit ausgewählt hat. Und da passiert es: Heute-Mama tritt auf einen Kanalisationsdeckel, offenbar ohne jedes Problembewusstsein.

»Bist du wahnsinnig?«, rufe ich.

»Was denn, Zaja?«

»Weißt du denn nicht, dass du in diesem Land nicht auf Gullydeckel treten darfst, Mama? Man kann nie wissen, ob sie festgeschraubt sind! Dann fällst du rein und kommst nie wieder zu uns hoch! Mir hast du es verboten!«

Wir lachen mit drei Herzen, und ich gebe ihr einen sämtliche Staatsleben überdauernden Kuss. Keine Grenzmauer, kein Kiew-Komplex. Nur eine Familie auf dem Krechatik. Ein Kreis schließt sich. Nur Tonja fehlt darin – auf dieselbe Weise, wie sie immer fehlt. Und kurzzeitig fehlt auch wieder Vater, den ein unsichtbarer Faden immer wieder von uns fortführt, sobald wir ihn nicht unterhaken.

Von Fall zu Fall

Unter uns gesprochen: Jemanden oder etwas *verlassen*, das besagt Abschied, einen Aufbruch, womöglich ins Ungewisse. Aber auch eine Art Gewissheit, eine Verbundenheit. Wir verlassen Kiew. Wir verlassen uns auf Deutschland. Wer hat diesem Wort so viel Widersprüchlichkeit eingeredet?

Der Horizont vor den Terminalfenstern ist grau, als würde Kiew uns nun nichts mehr anvertrauen wollen. Heute-Papa und mir – Heute-Mama ist schon seit einer Weile wieder bei Tonja in Leipzig. Diese Stadt wird mir nie wieder nur etwas Vergangenes bedeuten. Die Ukraine-Airlines-Maschine soll nur vierzig Minuten verspätet borden, also geradezu überpünktlich. Zoja und Andrej begleiten uns und holen zum Abschied zwei traditionelle Westen aus Schafswolle raus. Wie die Landsleute im Silo sie tragen. Wer sie anzieht, stülpt sich von der Sache her eine kleine Scheune über. Natürlich lacht Zoja sich geradewegs krumm über die Schafscheunen auf unseren Schultern.

»One zwei, I have Rosen in my Hosen«, ulkt sie in feinstem Oxford-Deutsch. Selbst in ukrainisches Armani gekleidet, während uns Andrej mit weichem Lächeln beisteht. Immer wenn er gerührt ist, wird Andrejs Gesicht irgendwie ganz still und reglos.

»Dir, Dimon, haben wir noch was mitgebracht«, sagt er und greift in seine Jackentasche. Ein Fellknäuel mit Bändchen in den Farben der Ukraine dran.

»Von deinem Herzensfreund Kusan. Falls es dir in Leipzig an Katzen mangeln sollte.«

»Warst du denn auch bei einem Notar damit, Andrej? Apostille? Bekomme ich es legal über die Grenze?«

»Beim Präsidenten war ich damit, nachuj.«

Und nun können wir es doch, gleichzeitig lachen. Synchron über diesen Staat spotten, der seine Bürger nicht ernst nimmt. Es heißt, dass aus Geldeuropa bald keine Kredite mehr kommen werden, weil auch der Komikerpräsident alles den Oligarchen schenkt. Stehlen tun sie alle, wie Rostik wusste.

Zoja und Andrej haben uns immer nur gegeben. Ohne auch nur eine Griwna oder irgendeine Gegenleistung zu verlangen. Ich hoffe, niemand wird sie je zwingen, ukrainische Präsidenten zu werden. Es wäre so schade um diese gütigen Landsleute.

Bald wollen sie Urlaub nehmen und sich die Sächsische Schweiz ansehen. Vielleicht kann ich Frau Kunze überreden, uns eine Runde mit dem Ausländicopter über den Gipfeln drehen zu lassen. Oder einfach die Bahntickets und Hotels für sie buchen, mitwandern und schauen, dass sie sich nicht an Eispickeln schneiden.

Zoja kommt ganz nah an mich heran, mit einem Ernst in den Augen, den sie sonst nicht so nah an sich heranlässt.

»Pass auf Papa auf. Und schau, dass die deutschen Kozli (Ziegenböcke) ihn nicht fertigmachen.«

»Das werde ich, Zoja. In mir hat er einen Schutzdeutschen.«

»Ja, ja, Herr Minister, we have Butterbrot. Und noch was, hör auf mit diesem deutschen Geschreibsel auf Facebook. Das verstehe ich nicht!«

Wie zwei slawische Bauernpatrioten angezogen, landen Vater und ich also in Leipzig. Und stehen für unsere Rückkehr ins richtige Staatsleben an. Hier spotten die Landsleute auch über ihren Staat, würden ihm aber sofort ihr Leben anvertrauen, wenn es mal nichts mehr zu lachen gäbe. Die Kanalisationsdeckel sind fest, die Feuerwehr kommt präventiv, Postboten besuchen Chirurgie-Grundkurse, Straßenhunde gibt es nicht, und frei darf man sein. Sogar mit einem Galgen für den Hals der Kanzlerin demonstrieren. Dass die Faschisten trotzdem von der Macht in Deutschland tagträumen können, dass meine Landsleute wieder bereit sein könnten, ihnen alles zu opfern, ich werde es nie verstehen. Und immer weiter bekämpfen.

Heute-Mama wird lachen, wenn sie uns zwei Folklore-Boys gleich in der Empfangshalle einsammelt. Sie macht sich sicher schon Sorgen, wo wir bleiben. Seit einer Stunde bewegt sich die Schlange zur Passkontrolle kaum vorwärts. Ich würde sie anrufen, habe aber kein Netz in diesem Teil des Terminals.

»Macht nichts. Ich habe Zeit«, erklärt Otez mit breitem Brüstchen. Eine zittrige Hand rigoros nach vorn ausfahrend, als könne er mit ihr den Lauf der Welt lenken. Nach Hause zu kommen wird meinem Vater guttun. Selbst wenn es Katzastan ist. Und vielleicht haben die Tage in Kiew auch etwas in Heute-Mama geheilt.

Vielleicht kann sie ein wenig von ihrem Schmerzstaat lassen, vielleicht auch von ein paar Katzachen. Vielleicht bin ich aber nun auch schmerzsozialisiert genug, um sie machen zu lassen. Was zerstört schien, können wir möglicherweise reparieren, ich habe Hoffnung. Und selbst wenn nicht, ich habe keine Lust mehr, wütend auf sie zu sein. Ich liebe sie, und je höher meine Grenzmauer ragt, desto weniger Unbefangenheit bleibt mir. Wahrscheinlich haben wir ohnehin die ganze Zeit auf derselben Seite der Grenzmauer gesessen, ohne es uns einzugestehen.

Wieder vergeht fast eine Stunde, in der höchstens fünf Leute durchgelassen werden. Warum eigentlich? Aus der Ukraine nach Deutschland kann man doch schon seit einer Weile ohne Visum reisen. Soweit ich es durch die Menschenmenge erkennen kann, sind zwei Schalter für Nicht-EU-Pässe und einer für EU-Pässe in Betrieb. Wobei die Beamtin im EU-Schalter nichts zu tun hat. Sie sitzt einfach da. Deswegen stellen sich immer wieder ukrainische Landsleute bei ihr an. Und genauso oft stürmt ein Bundespolizist heran, um sie dafür zu verwarnen. Seine Haarreste kleben schweißnass über einer sauerroten Stirn. Mit geballter Faust und geballter Herablassung ruft er: »De Ugraine is nisch innar EU. Odar? Neej, de Ugraine ist nisch innar EU! Alsou! Schön wieder hintenanstell'nn!«

Meine Landsleute deuten auf die völlig unbeschäftigte Beamtin und die nicht kürzer werdende Schlange.

»Schlüss jetz! Keeine Wiedarwörte! Das is für EU! Abmoarsch nach hint'n, hab isch gesacht! Odar ich schick euch klej wieder dahin, wo ihr alle hergekomm'nn seid.«

Wow, der trägt bestimmt einen EU-Hoodie unter seiner Uniform. Eigentlich müsste ich den Herrn mal um einen etwas zivilisierteren, abendländisch wertegemeinschaftlichen Ton bitten. Aber ich will uns jetzt bloß nicht in Ärger verwickeln. Nur Papa sicher nach Hause bringen. Ich bin sein Schutzdeutscher.

Heute-Papa läuft im dichten Gedränge der Schweiß von den Schläfen, Wasser haben wir keins. Längst sind die Westen ausgezogen, wir tragen sie vor uns her wie kulturelle Schuldscheine. Die Luft ist fast so verbraucht wie die Geduld der Hingehaltenen, als auf dem Rollfeld vor uns ein weiteres Flugzeug landet. Flug B577 aus Fuerteventura. Wie in Zeitlupe strömt eine Hundertschaft meiner braungebrannten deutschen Landsleute auf uns zu. Die Beamten öffnen augenblicklich einen weiteren EU-Schalter ausschließlich für sie. Aber die meisten von ihnen registrieren das nicht. Und stellen sich in dieselbe starre Schlange wie wir. Knurrend, unzufrieden, gereizt. Penible Prüfungen bei der Passkontrolle nicht gewohnt. Ein nach Bier stinkender Roni im Sombrero beäugt mich vorwurfsvoll, als würde ich ihm seinen internationalen Flughafen wegnehmen.

»Dös gibt's doch nisch! Was woll'nn die alle denn hier?«, raunt eine Frau neben ihm erzürnt.

»Die alle möchten nach Hause. Heeyme. Wohin möchten Sie, meine Güdste?«, sage ich gereizt. Sie dreht sich wortlos weg, als hätte ich ihr durch Pass und Schafswollweste etwas vorgemacht. Sie sieht Frau Kunze zum Verwechseln ähnlich.

»Dima, was meinst du, wie lange wir noch warten müssen?«

Heute-Papa sinkt immer mehr zusammen. Das breite Brüstchen ist eingefallen, und seine Hand kann ganz sicher nicht den Lauf der Welt lenken, sondern sucht Halt an mir. Bedrohlich blass ist er auch geworden. Der Flug hat zwei Stunden gedauert. Bald warten wir vier Stunden darauf, endlich unsere Pässe vorzeigen zu dürfen.

Inzwischen sind wir nahe genug an den Schaltern, dass ich verfolgen kann, was sich dort abspielt. Eine rothaarige Bundespolizistin, sie muss so Ende dreißig sein, verrichtet ihre Arbeit mit erstaunlich offener Körpersprache. Legt hinter dem Schutzglas des Schalters ihr Gesicht auf den Händen ab. Regelrecht verträumt schaut sie aus weitgeöffneten Augen und hört einer ukrainischen Oma zu, als würde diese von Blumen erzählen, die sie im Park gepflückt hat. Die Seniorin erklärt ihr in gebrochenem Deutsch, dass sie ihre hier lebenden Kinder und Enkel besuchen möchte. Irgendwann steht die Polizistin auf und beginnt die alte Frau mit Nachfragen zu löchern. Wie viele Bargeldreserven? Sie zählt nach. Adressen der Kinder? Berufe der Kinder? Lebenspartner der Kinder? Sie ruft die Kinder an. Alle drei. Um jedem von ihnen am Ende zu erklären, wenn sie im Vorfeld einen Extra-Antrag bei der Ausländerbehörde gestellt hätten, »bräuchte die Mama auch nicht so lange an der Kontrolle«.

In meinem Kopf höre ich mich brüllen: Erstens hast DU sie gerade ewig an der Kontrolle festgehalten, nachuj, obwohl alle Papiere in Ordnung waren. Zweitens ist es nicht *die Mama*, sondern *Ihre Mutter*.

Auch Nicht-Deutsche haben das verdammte Recht, gesiezt zu werden. Warum spricht sie mit ihnen, als wären sie zurückgeblieben?

»Dima, ich …«

»Warte kurz, Papa.«

Ich rufe zum Schalter: »Hören Sie, wir warten seit mehr als vier Stunden. Mein Vater kommt nach einem Schlaganfall aus dem Krankenhaus. Die Leute haben nichts mehr zu trinken. Müssen Sie wirklich von jedem Ankommenden die Bargeldbestände prüfen und mehrere Kontaktpersonen anrufen?«

Der uniformierte EU-Nazi mit klebrigem Kurzhaar fasst mich scharf ins Auge. Mein Handy vibriert, endlich Empfang (in Kiew war das Netz besser), bestimmt Mama. Nein, Mail von Frau Kunze.

Betreff: Einbürgerungsabsichtserklärung.

»Freue mich, Ihnen mitteilen zu können … positive Prognose … Einbürgerungsabsichtserklärung der Bundesrepublik Deutschland. Gültig bis 31.05.2021 …«

Ich habe es geschafft. Mein deutscher Pass ist bewilligt!

»Papa, ich werde eingebürgert. Der Golownjak ist vorbei!«

»D… Äh, äh, äh. Egggh.«

Mein Vater beginnt zu husten.

»Hallo! Hören Sie, mein Vater ist krank! Bitte, kontrollieren Sie uns endlich!«

Die rothaarige Bundespolizistin hat jedes Wort verstanden und sieht mir direkt in die Augen. Ihr Kopf ist wieder verträumt auf den Händen abgelegt. Mit aller Ruhe der Welt dreht sie ihren Blick wieder ab und fragt die dreiköpfige Familie vor sich, ob beide Erwachsene mit unbefristeter Aufenthaltsgenehmigung eine feste Arbeitsstelle haben.

»Äh, äh, äh«, mein Vater röchelt und hustet inzwischen aus vollem Leib.

»Lassen Sie uns bitte endlich nach Hause! Ich bin Deutscher! Mein Vater hat einen Anfall.«

Keine Reaktion. Nur ein älterer deutscher Landsmann schaut mich verständnisvoll an und macht bereitwillig Platz.

Nun schreie ich: »Warum tun Sie das? Weshalb behandeln Sie ankommende Menschen wie eine Plage?«

Nichts.

»Ich rede mit Ihnen! Hey!«

»Mitkömm'nn, dü Völksheld«, höre ich noch, als der Beamte mit dem Klebhaar mich mit einem Stoß in den Rücken packt und wegzerrt. Und sehe mein Handy herunterfallen. Es vibriert.

»Mama«, leuchtet auf dem Display auf.

Mein Vater fällt um.

Geht zu Boden, wie wir Landsleute unter uns sagen.

Was strenggenommen irreführend ist, denn mit Gehen hat Fallen so viel gemein wie der Himmel mit Formalien.

Epilog

Bald ein Jahr ist seit unserer Rückkehr aus Kiew vergangen. Die Grenzmauer zu Für-immer-Mama ist noch nicht ganz überwunden. Ein wenig Zeit brauchen wir noch. Manchmal blicke ich in ihr Gesicht und sehe, dass es zu klein geworden ist für ihr Leben. Es kann all das Schwere kaum mehr halten. Glücklicherweise ist mein Gesicht wie aus ihrem geschnitten. So kann sich Mama stets vor Augen halten, wo noch Lebensraum für sie, für mich, für uns ist. Nichts ist gleichgültiger als Nationalitäten.

An einem Junitag mit mächtiger Sonne besuche ich das Haus meiner Eltern. Und sehe, wie Dushachka sich hochschwanger und zufrieden auf ihrem Rücken im Innenhof suhlt. Sie ist in ganz Katzastan dafür bekannt, das Gebären manchmal auf mehrere Tage auszudehnen. Ich beuge mich zu ihr hinunter und streichle ihr belebtes, goldmilchiges Bäuchlein. Wobei sie meine Hand sanft umgreift und ihre grünen Augen vertrauensvoll aufschlägt.

»Prrrrrrrr.«

»Na los, Dushachka, du musst werfen. Die Welt will wissen, was du mit der Evolution vorhast, meine Schöne«, säusle ich.

»Prrrrrrrr.«

Dushachka, außer uns gesprochen *das Seelchen,* ist ein herzensgutes Wesen. Ich hoffe, die Katzen singen meiner Mutter ein wenig Frieden ein. Sodass sie Tonja tragen kann. Nichts ist so gleichgültig wie Nationalitäten.

Auch Für-immer-Papa ist zugegen. Da er nicht mehr im Magasin arbeiten kann, gibt er die Bereitschaftshebamme für Dushachka. Ich würde ihm gern noch einen Basset Hound schenken. Dann würden sie jeden Tag mindestens zweimal im Mariannenpark spazieren gehen und er hätte etwas, worauf er sich freuen könnte. Außerdem wünsche ich mir, ich könnte die Krankheit meines Vaters besser von ihm selbst trennen, um jene Regungen, wo er ganz Papa ist, nicht zu verpassen. Wen kümmert es, ob er wie früher mit Zahlen brillieren kann? Soll er das *Fahrrad* doch *Fahrstuhl* nennen und dabei stottern. In der kurzen Zeit, die ich im Haus bin, bietet er mir trotzdem eine Wassermelone, Schafskäse, Garnelen, Cappuccino, Avocados, georgisches Brot, Wein, russisches Mineralwasser und natürlich Salo an. Doch ich schimpfe, dass er sich zu wenig bewegt, seine Übungen nicht macht, unzusammenhängend redet, sich nicht genug ans Leben, nicht mit aller Kraft an uns klammert. Ja, ich schleudere sogar Sachen umher und trete entnervt gegen das Fach mit dem Messer für die Melonen. Er steht da, verschrumpft und still, nur in Jogginghose, ganz dünn gewordene Ärmchen, rot umkrustete, unsicher flackernde und sich doch ihrer Sache gewisse Augen. Außerdem ein ordentlicher Schnitt unter seinem Kinn vom Rasieren. Trotz seiner Verfassung bittet mich Für-immer-Papa, neue Heldengeschichten davon zu erzählen, wie ich in Deutschland prosperiere – meinem Deutschland. Die hört er am liebsten. Für-immer-Papa sagt, dass er mich liebt und stolz auf mich ist. Fast hinterherrufen muss er es mir, als ich zur schweren Holztür am Eingang des Grundstücks meiner Eltern haste. Absolut nichts ist so gleichgültig wie Nationalitäten.

Seit einem Jahr warte ich nun darauf, dass die Ukraine mich ausbürgert. Vielleicht denkt sich gerade jemand an einem unter Akten erstickenden Stillstandstisch in Kiew: Sind wir dem etwa Rechenschaft schuldig? Nö. Dann dürfte der Brief mit der Aufforderung, meine Vergangenheit bei der Botschaft in Berlin abzugeben, nie eintreffen. Doch fürs Erste glaube ich weiter geduldig an die Ukraine – sie wird sich schon an unsere Absprache halten, und wenn es das Letzte ist, was sie für mich tut.

Frau Kunze hat ihrerseits etwas Interessantes suggeriert. Ich kam mit Nummernzettel 156 aus dem Wartezimmer in ihr Büro, um zusätzliche Apostillen vom Leipziger Landgericht abzugeben. Sie trug ein buntes Blumenkleid und hatte keinerlei Vorstellung davon, wie unglaublich viel seit unserer letzten Begegnung geschehen war. Also beschloss ich, mich mit breiter, eigenmächtiger Brust bei Frau Kunze zu bedanken. Um unserem Verhältnis einen Sinnstempel aufzudrücken. »Danke, dass Sie mich noch einmal nach Kiew, in die Stadt meiner Geburt geschickt haben, Frau Kunze.« Ob nun von Eispickeln hingedrängt oder nicht. Das Schicksal zählt ja auch nicht die Stuhlbeine, bevor es einen zum Schlag auf den Schemel setzt. »Na, so sin' mir eben«, entgegnete Frau Kunze, mal anders, irgendwie suggestiv seelenvoll. Und schien sich sofort bei etwas ertappt zu haben, zumindest eines inneren Widerspruchs gewahr zu werden. So deute ich jedenfalls ihr hastig nachgeschobenes: »Ich meeine, so sin ebn'n die Gesetze.«

Nichts ist so gleichgültig wie Nationalitäten. Wollen wir wirklich an etwas so Gleichgültigem zu Grunde gehen, liebe Landsleute?